영 성 과 삶

영성과 삶
Spirituality and Life

2007. 4. 10. 초판 발행
2015. 7. 10. 7쇄 발행

지은이 임영수
펴낸이 정애주
국효숙 김기민 김의연 김준표 박세정 박혜민
송승호 염보미 오민택 오형탁 윤진숙 임승철
정한나 조주영 차길환 한미영 허은

펴낸곳 주식회사 홍성사
등록번호 제1-449호 1977. 8. 1.
주소 (121-885) 서울시 마포구 양화진4길 3
전화 02) 333-5161
팩스 02) 333-5165
홈페이지 www.hsbooks.com
이메일 hsbooks@hsbooks.com
트위터 twitter.com/hongsungsa
페이스북 facebook.com/hongsungsa
양화진책방 02) 333-5163

ⓒ 임영수, 2007

• 잘못된 책은 바꿔 드립니다.
• 책값은 뒤표지에 있습니다.

ISBN 978-89-365-0753-4 (03230)

영성과 삶

모새골 임영수 목사가 전하는
참다운 영성의 길

임영수 지음

홍성사.

차례

머리말 7

1 영성이란 무엇인가 11
1. 영성형성 14   2. 영성훈련 16
3. 기독교 영성의 두 경향 18   4. 왜 영성인가 21

2 삶이란 무엇인가 25
1. 삶은 하나님의 고귀한 선물이다 26   2. 삶은 유일한 것이다 29
3. 삶에는 의미와 목적이 있다 32   4. 삶은 춤이다 35   5. 삶은 영원을 위한 준비다 39

3 훼손된 삶 43
1. 삶을 훼손하는 실체 44   2. 죽음에 이르는 병-소외 48
3. 죽음에 이르는 병-우상 51   4. 죄책감 56   5. 방향 감각을 잃어버린 삶 59

4 구도의 삶 63
1. 삶은 동경이다 64   2. 하나님은 우리의 본향 68
3. 영혼의 창 71   4. 진정한 대화 74   5. 구도자의 영성 78

5 하나님에 대한 묵상 81
1. 우리가 신뢰할 수 있는 분 82   2. 하나님은 사랑이시다 85
3. 하나님은 우리의 어머니시다 89   4. 하나님은 우리의 아버지시다 91   5. 오시는 하나님 95

6 새로운 삶으로 다시 태어남 99
1. 다시 태어나는 삶 100   2. 다시 태어난 삶은 무엇으로 사는가? 104
3. 새로 태어난 삶과 자기 경험 107   4. 거룩한 삶 111   5. 새로 태어난 삶과 영적 은사들 114

7 새로 태어난 삶과 신비적 경험 119
1. 숨어 계시는 하나님 120 2. 그분에게로 다가가기-대화의 삶 123
3. 묵상하는 삶 127 4. 하늘이 열리는 삶 130 5. 깨달음의 삶 134

8 신비의 길 139
1. 오천 명을 먹이시다 141 2. 폭풍우 속의 그리스도 144 3. 가나안 여인 146
4. 간음한 여인 148 5. 열 사람의 나병환자 151

9 자유의 길 153
1. 하나님 성품에 참여해 가는 길 154 2. 삶의 낡은 틀에서 풀려나기 157
3. 침해받지 않는 삶의 공간 161 4. 장애의식으로부터 자유 164 5. 하나님과 함께 시작한 삶의 여정 168

10 하나님의 선물-영적 선물 173
1. 온유 174 2. 겸손 178 3. 단순성 181
4. 기쁨 184 5. 믿음 187

11 형제자매들과 함께하는 삶-공동체 191
1. 사랑 193 2. 고백과 용서 195 3. 관용과 자비 198
4. 돌봄과 격려 201 5. 복종 204

12 하나님의 정원사-사역자 209
1. 사역자-섬기는 자 210 2. 사역자의 영적인 삶 213
3. 우리는 무엇으로 사역해야 하는가? 216 4. 일의 의미 219 5. 삶의 의미와 목적 221

머리말

나는 1975년 5월 목사 안수를 받은 후 평생 '하나님과 인간'을 탐구하는 구도자로서 살아갈 것을 결심하고 지금까지 그 길을 걸어오고 있다. 지금에 와서는 이 길이 평안·자유·기쁨의 길이 되었고, 나 자신의 삶의 방식이 되고 있다. 이 길을 걸어오는 과정에서 어느 순간도 이 정도면 되었다고 생각해 본 적이 없다. 나는 오직 "그리스도께 잡힌 바 된 그것"을 잡으려고 달려가고 있다.

나만의 유일한 길을 걸어오면서 사역에 몇 번의 변화가 있었다. 학교 교목, 대학생을 위한 목회, 신학교 사역, 교회목회가 그것이다. 이러한 변화는 내 영성형성의 변화와 함께 불가피한 것이었다. 그러한 과정에서 나는 생의 결론으로서 '영성공동체'에 대한 소명을 확인하고, 2003년 1월에 '모새골'('모두가 새로워지는 골짜기'의 줄임말) 사역을 시작했다.

모새골의 핵심 가치는 세상을 창조하신 하나님은 이 세상을 포기하지 않으시며, "만물을 새롭게 하신다"(계 21:5)이다. 이 세상은 하나님께서 사랑하시는 정원이며, 그 안에 있는 모새골은 삶의 의미와 목적을 새롭게 발견하고 그리스도를 본받아 살아가는 정원사들의 공동체이다.

모새골을 시작한 지 금년으로 다섯 해가 된다. 첫해부터 시작한 모새골 아카데미 강좌(상반기 1회, 하반기 1회)는 금년 봄으로 아홉 번째 학기가 된다. 《영성과 삶》은 두 번째 학기에서 강의한 내용을 정리한 것이다. 나는 삶의 의미, 삶의 목적이 무엇인지 기독교 영성의 관점에서 규명하려고 하였다. 우리의 삶은 만물을 새롭게 하시는 하나님의 창조 역사에 참여하는 데서 그 진정한 의미와 목적을 발견하게 된다. 그렇게 될 때 우리의 삶은 무겁고 짐스러운 것이 아닌 하나님의 선물이 된다. 우리의 삶은 결코 저주스러운 것이 아니다. 창조주 하나님의 선물이다.

《영성과 삶》은 모두 12장으로 구성되어 있다. 1장 '영성이란 무엇인가'에서는 영성에 대한 정의를, 2장 '삶이란 무엇인가'에서는 기독교 영성의 관점에서 삶의 의미와 목적을 밝혔다. 3장 '훼손된 삶'에서는 하나님의 선물인 삶이 왜 수고롭고 무거운 짐이 되었는지를, 4장 '구도의 삶'에서는 인간이 가지고 있는 동경의 문제를 말했다. 5장 '하나님에 대한 묵상'에서는 인간이 가지고 있는 동경의 실체를 밝혔고, 6장 '새로운 삶으로 다시 태어남'에서는 기독교 영성에서 의미하는 새로운 삶이란 어떤 것인지를 말하고 있다. 7장 '새로 태어난 삶과 신비적 경험'에서는 새로 태어난 삶으로 살아가는 것이 어떤 것인지 밝혔고, 8장 '신비의 길'에서는 신비의 길로 들어가는 길을 안내했다. 9장 '자유의 길'에서는 그리스도인으로서 누릴 수 있는 자유에 대해 말했고, 10장 '하나님의 선물-영적 선물'에서는 영성생활에서 형성되는 품성들이 어떤 것들인지 제시했다. 11장 '형제자매들과 함께하는 삶-공동체'에서는 신앙의 공동체에서 필요한 요소들에 대해 밝혔고, 12장 '하나님의 정원사-사역자'에서는 하나님의 정원을 돌보는 사역자의 영적 삶을 다루었다.

그리스도인의 삶은 영적 순례의 길이다. 이 순례의 길을 가는 순례자들에게 이 책이 조금이나마 도움이 되기를 바라는 한편 앞으로 영성에 관한 더 좋은 책이 나오기를 기대하며 이 책을 세상에 내놓게 되었다. 본문의 성경구절은 《새번역성경》을 사용했으며 필요한 경우 《개역개정판성경》을 인용했음을 밝히는 바이다. 끝으로 이 책을 출판해 준 홍성사 여러분들에게 진심으로 감사드린다.

2007년 3월 모새골

1 영성이란 무엇인가

영성은 하나님의 영 안에 있는 삶과 하나님의 영과의
살아 있는 교제다. _위르겐 몰트만_

80년도 초, 스위스 제네바에 있는 폴 투르니에 박사의 초청을 받아 직접 찾아가 볼 수 있는 기회가 있었다. 나는 그분과 함께 몇 시간을 지내면서 그 모습에서 특별한 감회와 느낌을 받았다. 그때 그의 나이 85세 노인임에도 그가 지닌 신선함, 부드러움, 인자함, 진지함, 열정은 내게 열등감을 느끼게 했고 더불어 희망도 갖게 했다. 열등감은 그의 현재 모습과 나의 모습의 비교에서요, 희망은 나도 저 나이 때에 가서는 저렇게 될 수 있으리라는 기대감에서였다. 그를 바라보면서 나는 '아! 사람은 나이가 들수록 더욱더 아름다워질 수 있구나, 그렇다면 그를 이렇게 만들어 가는 힘이 무엇인가?'라는 질문을 하게 되었다.

나중에 나는, 그가 이른 아침에 일어나 라틴어로 된 성무일도(聖務日禱) 중 그날분의 일용할 양식을 읽고 묵상하면서 얻은 영감이 하루 일과의 중요한 실천 내용이 된다는 사실을 알게 되었다. 그분의 말을 빌리면, 하루하루 하나님의 명령을 실천해 가면서 얻는 기쁨과 성취감은 세상에서 돈으로 살 수 없는 것이라 했다. 폴 투르니에 박사를 전인적으로 통합해 가고 하루하루 남다른 삶의 가치와 의미를 갖고 살아가게 만드는 힘과 에너지, 다시 말해 '폴 투르니에, 그 자신'을 만들어 간 근원적인 힘이 영성에 있었다.

영성은 어떤 종교, 어떤 이데올로기에도 다 있다. 인류 역사에서 가장 악명 높은 두 사람을 꼽는다면 히틀러와 스탈린을 들 수 있다. 우리는 그들의 잔학상을 보면서 '어떤 영성이 그들을 저렇게 만들었는가?'라고 질문할 수 있다. 반대로 성 프란체스코, 앨버트 슈바이처, 마더 테레사 같은 사람들에 대해 '어떤 영성이 저들처럼 고귀한 삶을 살게 만들었는가?'라고 물을 수 있다. 참된 영성은 참된 인간이 되어 가게 하고 악한 영성은 마귀의 도구가 되어 가게 한다.

메조리 톰슨에 의하면, "영성이란 영성생활을 할 수 있는 능력이다. 다시 말해, 하나님의 영을 받아들이고 그에 대해 깊이 생각하며 그에게 응답할 수 있는 보편적인 인간의 능력을 의미한다. 결국 영성은 우리에게 하나의 길을 제시해 주고 있다. 즉, 영성은 우리에게 신앙을 선택하게 하고 가치 있는 일에 전념하게 하며 삶의 방식을 결정하고 실천적인 신앙생활을 함으로써, 우리 안에서 그리스도의 모습이 형성될 수 있도록 하는 것이다. 그렇게 하시는 분은 성령이시다."

돈 샐리어스는 영성에 대해 이렇게 말한다. "세계와 이웃과의 관계 안에서 하나님 앞에 활짝 열려진 인간성은, 하나님의 영을 받아들이고 하나님을 아버지라 부르고 그분을 신뢰하며 그에게 진지하게 응답해 가는 인간의 일상적인 삶에서 나타난다. 우리는 그러한 인간성을 예수 그리스도에게서 발견하게 된다."

폴 존스는 "죽은 새에게 노래를 가르치는 것"이라는 은유적인 표현을 사용해 영성을 정의했다. 새의 생명은 노래이다. 죽은 새에게는 노래가 없다. 여기서 죽은 새는 갈급함과 상실감으로 고통하는 인간을 의미한다. 갈급함과 상실감에는 본능적인 충동, 지난날의 어두운 회상들, 분노가 섞여 있다. 그러한 사람에게는 영적 충족이 없기 때문에 찬양도 감사도 없다. 이웃에 대한 사랑의 베풂도 없다.

몰트만은 "영성은 하나님의 영 안에 있는 삶과 하나님의 영과의 살아 있는 교제다"라고 했다.

영성은 어떤 궁극적인 실재에 대한 체험이다. 그러한 체험은 우리의 존재 전체를 하나로 묶고 통합시켜 나가며, 삶의 의미와 가치를 새롭게 부여하는 역동적인 힘이 있다.

성서 읽기

내가 또 말합니다. 여러분은 성령께서 인도하여 주시는 대로 살아가십시오. 그러면 육체의 욕망을 채우려 하지 않을 것입니다. 육체의 욕망은 성령을 거스르고, 성령이 바라시는 것은 육체를 거스릅니다. 이 둘이 서로 적대관계에 있으므로, 여러분은 자기가 원하는 일을 할 수 없게 됩니다. 그런데 여러분이, 성령의 인도하심을 따라 살아가면, 율법 아래에 있는 것이 아닙니다. (갈 5:16-18)

묵상 주제

1) '영성생활'을 할 수 있는 능력이란 무엇을 의미하는가? 당신 자신에게 그러한 능력이 있다고 생각하는가? 그렇다면 그것은 구체적으로 무엇을 의미하는가?

2) 기독교 영성과 이데올로기 영성의 차이점은 무엇이라고 생각하는가?

1. 영성형성

영성은 현재의 나의 나 됨과 앞으로 되어 가야 할 나의 모습을 규정해 간다. 영성에 의해서 점차적으로 변화되어 가는 것을 '영성이 형성되어 간다'고 표현한다. 사도 바울은 로마서 12장에서 '영성형성'에 대해 이렇게 말한다. "마음을 새롭게 함으로 변화를 받아서, 하나님의 선하시고 기뻐하시고 완전하신 뜻이 무엇인지를 분별하도록 하십시오." 이렇듯 마음을 새롭게 하고, 변화를 일으키는 능력이 영성이다.

영성은 체험적이면서 지속적인 창조의 특성을 가지고 있다. 이 영성은 1년 전의 나와 1년 후 오늘의 나를 다르게 만든다. 1년 전의 체험이 그때 나의 나 됨에 결정적인 영향을 주었다면, 1년 후 오늘에 와서 겪는 새로운 체험이 지금의 나 됨을 있게 한다. 영성은 계속해서 얻는 새로운 깨달음 가운데 새로운 나를 통합해 간다. 이러한 과정은 현실에서는 도착 지점이 없다. 지금의 현실에서는 계속되는 순례의 여정이다. 이러한 전 과정을 영성생활이라 한다.

교회에서 사용하는 용어들 중에 신앙생활, 경건생활이라는 단어가 있다. 이 두 단어에는 교회 출석, 십일조, 봉사가 내포되어 있다. 보통 그러한 것들을 잘하면 신앙생활을 잘 한다고 한다. 그러나 영성생활은 교회 울타리를 훨씬 넘어선다. 영성생활은 세계와 이웃과의 관계 안에서 하나님께 응답해 가는 삶의 전 과정이다. 그 과정에서 하나님과의 교제가 점점 더 깊어지면서 하나님에 대한 감사·믿음·복종·겸손·긍휼·봉사, 그리고 기쁨들이 더해

간다. 결국 기독교 영성은 하나님으로 시작해서, 하나님께 의존하며, 하나님 안에서 끝난다.

성서 읽기

형제자매 여러분, 그러므로 나는 하나님의 자비하심을 힘입어 여러분에게 권합니다. 여러분의 몸을 하나님께서 기뻐하실 거룩한 산 제물로 드리십시오. 이것이 여러분이 드릴 합당한 예배입니다. 여러분은 이 시대의 풍조를 본받지 말고, 마음을 새롭게 함으로 변화를 받아서, 하나님의 선하시고 기뻐하시고 완전하신 뜻이 무엇인지를 분별하도록 하십시오. (롬 12:1-2)

묵상
주제

1) 당신의 삶은 지금까지 어떤 것에 영향을 받아 형성돼 오고 있는가?

2) 당신이 생각하는 기독교적인 삶이란 어떤 것인가?

2 영성훈련

하나님께서는 우리 한 사람 한 사람을, 현재의 나로 부르고 계시며 그 부르심에 응답하도록 도와주신다. 우리를 향한 하나님의 부르심은 영적으로 성장하고자 하는 나의 간절한 갈망으로 나타난다. 이처럼 하나님의 부르심과 나의 갈망이 서로 접합되어 영적으로 성장하는 일이 곧 영성훈련이다.

메조리 톰슨은 영성훈련을 농기구에 비유했다. "세상에서 가장 좋은 가래와 삽을 가지고 있어도 이것이 풍요로운 수확을 보장해 주지는 못한다. 다만 이 농기구들은 식물의 성장을 막고 있는 장애 요인들을 제거해 줌으로써 식물이 좀더 쉽게 자라도록 해 줄 뿐이다. 식물이 자라는 성장의 신비는 씨앗의 핵에 달려 있다. 하지만 농기구들은 씨앗을 심고 열매가 맺힐 때까지의 모든 과정을 도와주는 매우 중요한 역할을 담당한다. 즉, 돌과 잡초를 제거하고 흙을 일구어서 숨을 쉬게 만들어 주며, 땅에 물을 뿌려 주기도 한다."

영성생활은 영성훈련을 통해서 이루어진다. 영성훈련 없이 영성생활은 불가능하다. 기독교 역사에 나오는 성인들에게는 지속적인 영성생활이 있었다. 그러한 영성생활의 이면에는 끊임없는 영성훈련이 수반되었다. 그래서 영성훈련과 영성생활은 매우 밀접한 관계를 가진다. 영성훈련은 하나님의 말씀을 듣는 '영혼의 창'이라고도 할 수 있다. 세계와 이웃과의 관계 안에서 하나님께 응답해 가려면 영혼의 창이 있어야 한다.

우리의 지나온 날들을 돌이켜 볼 때, 하나님께서 우리의 삶에 개입하시는 순간들이 많이 있었다. 그러나 우리는 그 순간을 포착하지 못하고 그대로 흘려보내곤 했다. 우리에게는 순간 속에 숨겨진 것을 듣고 볼 수 있는 창이 없었기 때문이다. 그러한 말씀의 씨앗이 자랄 수 있는 토양을 마련하지 못했기 때문이다.

영혼의 창은 특정하게 고정된 사고의 틀이 아니다. 그것은 영적 감수성이다. 깨끗하고 맑은 영혼의 창을 통해 존재의 가장 깊은 부분에 들려오는 말씀은, 우리를 잠에서 깨어나게 하며 새로운 인생 여정을 준비시킨다. 그리고 인생의 여정에서 판단을 더디 하고 이해를 속히

해야 한다는 단순한 깨달음이 있게 한다. 또 내게 들려오는 그 말씀은 내가 누구이며, 지금 왜 여기에 있으며, 인생의 이 시점에서 내게 요구되는 것이 무엇인지를 말해 주기도 한다.

켄 가이어에 의하면 그 창은 하나님의 말씀을 듣는 곳이기도 하지만, 하나님에게 소중한 것이 무엇인지 보게 해 주는 지혜의 안목이기도 하다. 이러한 안목은 세상을 보는 하나의 방식이며, 그것은 대상을 존중하는 마음에서 시작된다. 존중하는 마음은 다시 보는 눈을 통해 전해진다. 다시 보는 것은 눈으로 보는 것이 아니라 마음으로 보는 것이다.

영성생활은 우리 현실 어느 시점에서 끝나는 것이 아니다. 이것은 우리가 하나님 앞에 가서 서는 시간까지 계속되는 영적순례이다. 그 과정에는 유혹, 시험, 낙심, 실패와 같은 요인들이 있다. 우리는 그것을 매우 자연스럽게 받아들여야 하며, 이 요인들 때문에 우리의 새로운 시작을 포기해서는 안 된다. 우리는 원점으로 돌아가지 말고 그 시점, 그 자리에서 주님과 함께 다시 진행해야 한다. 영성생활의 주체는 내가 아니고 하나님이시다. 하나님께서 무효라고 하시지 않는 한, 우리는 원점으로 돌아갈 이유가 없다. 계속 앞으로 나아가야 한다.

성서 읽기

그대가 이런 교훈으로 형제자매를 깨우치면, 그대는 믿음의 말씀과 그대가 지금까지 쫓고 있는 좋은 교훈으로 양육을 받아 그리스도 예수의 좋은 일꾼이 될 것입니다. 저속하고 헛된 꾸며낸 이야기들을 물리치십시오. 경건함에 이르도록 몸을 훈련하십시오. 몸의 훈련은 약간의 유익이 있으나, 경건훈련은 모든 면에 유익하니, 이 세상과 장차 올 세상의 생명을 약속해 줍니다. 이 말은 참말이요, 모든 사람이 받아들일 만한 말입니다. 우리가 모든 사람 특히 믿는 사람의 구주이신 살아 계신 하나님께 소망을 두므로 우리는 수고하며 애를 쓰고 있습니다. (딤전 4:6-10)

1) 그동안 받아 본 영성훈련이 있는가? 그 훈련이 당신에게 준 영향은 무엇인가?

2) 영성훈련의 목적은 어디에 있는가? 영성훈련을 통해서 나타나는 삶의 변화에는 어떤 것들이 있는가?

3. 기독교 영성의 두 경향

안셀름 그륀(Anselm Gruen)에 의할 때, 영성의 역사 안에 존재해 온 여러 경향들은 대략 두 가지로 정리된다. "하나는 위로부터의 영성이고, 다른 하나는 아래로부터의 영성이다. 아래로부터의 영성은 하나님께서 성서와 교회를 통해서만 우리에게 말씀하시는 것이 아니라 우리 자신, 우리의 생각과 느낌들, 우리의 육체와 이상들, 우리의 상처와 나약함을 통해서도 말씀하시는 것을 의미한다."

아래로부터의 영성은 먼저 수도자들의 삶 속에서 실천되었다. 초기 교회의 수도자들은 자신들이 지닌 고통을 묵상하고 묵묵히 지고 나가는 과정에서, 그 고통을 통해 하나님을 올바르고 깊이 있게 인식하고 그분께 나아갈 수 있다는 사실을 깨달았다. 내가 지닌 덕성이 하나님께 마음의 문을 열게 하는 첫째 도구가 아니다. 오히려 나의 약한 부분들, 무능함, 더 나아가 나의 죄조차도 하나님을 향해 내 마음의 문을 여는 데 우선적인 역할을 한다.

위로부터의 영성은 우리 스스로 이미 주지하는 바와 같이, 이상적인 것이다. 이 영성은 명백한 목표들을 가지고 있고, 그 목표들에서 시작한다. 그리고 이 영성은 자기훈련과 기도로 목표점에 도달해야 한다고 강조한다. 이것을 실천하는 가장 이상적인 방법은 성서를 공부하고 교회의 윤리적 가르침을 익히며 자기 자신에 대해 명확히 성찰하는 것이다. 위로부터의 영성에서 가장 기본적인 질문은 다음과 같다.

그리스도인은 어떠한 자세로 이 세상에 존재해야 하나?

그리스도인은 무엇을 반드시 실천하며 살아야 하나?

그리스도인은 어떤 행동을 몸에 익혀 나가야 하나?

위로부터의 영성은 항상 더 나아지기를 원하고, 언제나 더 높이 상승하며, 하나님께 조금이라도 더 가까이 나아가고자 하는 인간의 기본적인 원의(原意)와 일치한다.

아래로부터의 영성은 겸손의 길이다. 우리는 자신을 낮추어 작은 존재로 만듦으로써 획득하는 덕행으로 겸손을 이해하지 않도록 조심해야 한다. 우선 겸손은 하나의 종교적인 기본자세를 의미하지 사회적인 덕행을 의미하는 것이 아니다. 겸손을 의미하는 독일어 데무트(Demut)는 우리에게 잘못된 방향을 알려 주고 있다. 그것은 봉사하는 자세에서 파생된 말로서 타인에 대해 가지는 자세, 즉 봉사하는 사회적 덕행을 지칭하고 있다. 반면 겸손을 의미하는 라틴어 휴밀리타스(humilitas)는 휴무스(humus), 즉 땅과 관련을 맺고 있다. 이것은 우리가 땅에 밀착하고 있다는 사실, 즉 우리들이 지닌 어두운 그늘과 화해를 의미하는 것이다. 이것은 자신의 참된 모습을 찾아 나가는 것이다. 겸손은 바로 내가 하나님을 만날 수 있는 깊은 장소이다. (안셀름 그륀,《아래로부터의 영성》, 분도 역간, 7, 8, 11, 12쪽.)

성서 읽기

끝으로, 나의 형제자매 여러분 주 안에서 기뻐하십시오. 내가 같은 말을 되풀이해서 쓰는 것이 나에게는 번거롭지도 않고, 여러분에게는 안전합니다. 개들을 조심하십시오, 악한 일꾼들을 조심하십시오. 살을 잘라내는 할례를 주장하는 자들을 조심하십시오. 하나님의 영으로 예배하며, 그리스도 예수 안에서 자랑하며, 육신을 의지하지 않는 우리들이야말로, 참으로 할례 받은 사람입니다. 하기야, 나는 육신에도 신뢰를 둘 만합니다. 다른 어떤 사람이 육신에 신뢰를 둘 만한 것이 있다고 생각하면, 나는 더욱 그러합니다. 나는 난 지 여드레 만에 할례를 받았고 이스라엘 민족 가운데서도 베냐민 지파요, 히브리 사람 가운데서도 히브리 사람이요, 율법으로는 바리새파 사람이요, 열성으로는 교회를 박해한 사람이요, 율법의 의로는 흠 잡힐 데가 없는 사람이었습니다. 나는 내게 이로웠던 것은 무엇이든지 그리스도 때문에 해로운 것으로 여기게 되었습니다. 그뿐만 아니라, 내 주 예수 그리스도를 아는 지식이 가장 고귀하므로, 나는 그 밖의 모든 것을 해로 여깁니다. 나는 그리스도 때문에 모든 것을 잃었고, 그 모든 것을 오물로 여깁니다. (빌 3:1-8)

묵상
주제

1) 당신은 좋은 설교와 신앙서적을 읽고 난 후에 어떤 결심을 하며 그 결심을 어떻게 행동으로 나타내는가?

2) 당신이 진정 변화되기 위한 시금석은 무엇이라고 생각하는가? 그러한 변화는 어떤 힘에 의해 이루어질 수 있다고 생각하는가?

4. 왜 영성인가

지난날 기독교 역사에서의 기독교 영성은 그리스도를 따르는 삶의 구체적인 실현이나 그리스도인으로서 덕행을 쌓아가는 것이 목적이었으나, 현대에서 기독교 영성에 대한 관심 고조는 그것과 다르다. 현대에서 영성에 대한 관심은 르네상스 이후 과학의 급속한 발달로 인한 전통적인 신앙관의 붕괴, 즉 지옥과 천당 개념의 붕괴와 현실에 맞지 않는 기독교 전통교리와 맞물려 있다.

특히 오늘날과 같은 역사의 중요한 전환기에서, 우리는 세상이 그 이음새로부터 이탈해 가고 있다는 느낌을 종종 받는다. 이러한 현상은 많은 사람들이 나침반 없이 여행을 떠나 길을 잃어버리는 것과 같다.

우리는 가끔 문화적·사회적·정치적·종교적 폐허 가운데 서 있는 것 같은 느낌이 든다. 즉, 죄 없는 수백만 명의 사람들을 괴롭히는 폭력, 전체 인종을 몰살하는 대량학살, 힘 있는 인종이 무력한 인종에게 가하는 억압, 에이즈의 공포, 각종 범죄, 테러, 외설적인 음악과 같은 충격적인 사건은 우리의 옛 세대가 의지해 왔던 연합, 안정감을 느낄 수 없게끔 만들었다.

분열에 대한 당혹감이 팽배해 있는 현실 속에서 사람들은 숨겨진 보고(寶庫), 내적인 힘, 인간 심령 속에 있는 영의 생명 등에 의지해야 할 필요성을 더 많이 느끼게 되었다. 이제껏 의미를 주었던 외부 세계가 붕괴되면서, 내면으로 향하는 움직임이 생겨나게 되었다. 이와 더불어 사람들은 영적인 동료와 인도자를 발견하려는 소망을 가지고 앞서 영적인 삶을 살았던 이들을 향해 눈길을 돌리게 되었다. (마이클 다우니, 《오늘의 기독교 영성 이해》, 은성 역간, 72, 73쪽)

성서 읽기

그대는 이것을 알아 두십시오. 말세에 어려운 때가 올 것입니다. 사람들은 자기를 사랑하며, 돈을 사랑하며, 뽐내며, 교만하며, 하나님을 모독하며, 부모에게 순종하지 아니하며, 감사할 줄 모르며, 불경스러우며, 무정하며, 원한을 풀지 아니하며, 비방하며, 절제가 없으며,

난폭하며, 선을 좋아하지 아니하며, 배신하며, 무모하며, 자만하며, 하나님보다 쾌락을 더 사랑하며, 겉으로는 경건하게 보이나, 경건함의 능력은 부인할 것입니다. 그대는 이런 사람들을 멀리하십시오. 그들 가운데는 남의 집에 가만히 들어가서 어리석은 여자들을 유인하는 사람들이 있을 것입니다. 그런 여자들은 여러 가지 정욕에 이끌려 죄에 짓눌려 있고, 늘 배우기는 하지만 진리를 깨닫는 데에는 전혀 이를 수 없습니다. (딤후 3:1-7)

묵상 주제

1) 사람들이 왜 종교보다 영성에 더 깊은 관심을 보인다고 생각하는가? 오늘날 종교의 문제점은 무엇인가?

2) 인간의 본성 가운데 영성과 관련된 것에는 무엇이 있는가?

2 삶이란 무엇인가

그때 보좌에 앉으신 분이 말씀하셨습니다. "보아라, 내가 모든 것을 새롭게 한다."
또 말씀하셨습니다. "기록하여라, 이 말은 신실하고 참되다." ─요한계시록 21장 5절

'삶이란 무엇인가?'라는 물음에 대해 우리는 철학적·사회학·심리학적 관점에서 그 해답을 밝힐 수 있을 것이다. 삶이라고 할 때 그것은 단순히 육적인 차원이 아니며, 그렇다고 정신적인 차원의 문제만도 아니다. 그것은 육적인 면, 정신적인 면, 심리적인 면, 사회적인 면, 그리고 영적인 면을 다 포함한다. 삶을 바르게 산다는 것은 물질적인 면에서만 풍요롭게 산다는 것이 아니다. 삶을 행복하게 잘 산다는 것은 모든 차원이 다 포함된 통합적인 것을 의미한다.

'한 인간이 세상에 태어나 어떻게 하면 바르고 통합적으로 삶을 살아갈 수 있는가?' 하는 문제는 인간 누구에게나 해당되는 중요한 생의 과제다. 그런데 '이 과제를 어떻게 잘 풀어 가느냐?'의 문제는 단순히 사회·과학적인 문제가 아닌 영적 차원의 문제이다. 영적이라는 말은 현실을 도외시한 내세적인 차원이란 말이 아니다. 영적이라는 말은 영원한 가치, 본질적인 것, 거짓되지 않고 참된 것, 일시적인 것이 아닌 시간과 공간을 초월하는 것을

의미한다.

예수께서는 "반석 위에 집을 지은 슬기로운 사람과, 모래 위에 자기 집을 세운 사람"이 있다고 하셨다(마 7:24-26). 영적인 의미에서 삶의 문제를 생각할 때 우리는 '어떻게 우리의 집을 모래 위에 짓지 않고 반석 위에 짓는 지혜로운 사람으로 살아갈 수 있는가?'에 대한 생의 궁극적인 해답을 찾아낼 수 있다.

우리의 생은 여러 번 실험할 수 있을 만큼 그렇게 많은 시간과 여유가 있지 않다. 우리의 생은 매우 짧다. 그러면서도 매우 고귀하고 가치가 있다. 가치 있다는 것은 우리의 생에는 우리가 알지 못하는 깊은 의미와 목적이 숨겨져 있음을 말한다. 우리는 그것을 찾아내야 한다. 거기에 '생의 통합'이 있다.

안셀름 그륀은 "하나님이 원하신 인간은 성실하고 창의적이며 통일되어 있는 생산적인 존재로서, 자신의 삶에서 내적인 통일을 발견한 사람, 생동감으로 가득 차서 활발한 사람, 언제나 새로운 아이디어가 넘치는 사람, 주변에 무엇인가 늘 새로운 의미를 가진 것이 생성되는 하나님의 뜻에 일치하는 사람"이라고 했다.

1. 삶은 하나님의 고귀한 선물이다 삶은 하나님께서 창조하신 매우 고귀한 선물이다. 하나님께서는 우리에게 삶을 선물로 주실 때 완성된 것을 주시지 않았다.

하나님께서는 우리에게 생의 계절, 즉 봄·여름·가을·겨울을 거쳐 완성해 가야 할 소명과 책임으로서 삶을 주셨다. 삶은 우리가 실현해 가야 할 우리의 과제인 것이다.

윌리엄 바클레이는 다음과 같이 말했다. "건축 재료는 인생과 비슷한 데가 있다. 하나님은 우리에게 완성된 인생을 제공해 주시는 것이 아니다. 인생의 재료를 제공해 주시는데, 우리는 그것을 사용해서 자신의 인생을 지어내어야만 한다. 하나님은 인생의 재료로서 우리에게 재능과 능력을 가진 '우리 자신'을 제공해 주시고, 아름답고 풍성한 '세계'를 제공해 주시고, 다시 우리와 더불어 함께 살아갈 '동료'를 제공해 주신다. 그리고 이렇게 말씀하신다. '이러한 재료들을 다루어 가치 있는 인생을 지어내어라.'"

하나님께서 6일 동안 세상을 창조하신 후 '보시기에 좋았다'고 하신 것은 창조에는 하나님의 뜻과 계획이 포함되어 있음을 뜻한다. 하나님의 선물인 삶은 보시기에 좋은 것으로 되어 가야 한다. 이 말은 곧 삶은 완성되지 않은 것으로 창조되었다는 뜻이다.

삶은 인간이 하나님에게서 받은 최상의 고귀한 선물이다. 그리고 우리는 그것을 최상의 참된 작품으로 만들도록 부름 받았다. 인간답지 못한 삶, 단순히 타율적인 삶은, 완전한 인간의 삶이 아니다.

히브리적 개념으로 삶은 행동과 움직임, 그리고 향유 그 자체이다. 복음서의 저자 요한은 참다운 생으로서 영원한 생을 말한다. 그러나 요한에게 '영원한 생'은 믿는 자들에게만 해당되는 미래에 있을 부활의 생이 아니다. 그것은 우리가 이미 우리의 현세에서 현실적으로 향유하는 생이다. 영원한 생은 지금 우리가 '서로 사랑하라'는 예수님의 말씀을 받아들이며 살아갈 때 시작된다.

우리의 삶은 하나이다. 그러므로 육적인 삶과 영적인 삶 사이에 구분을 지을 수 없다. 먹고 마시는 우리의 삶과, 하나님과 이웃과의 관계 안에 있는 우리의 삶에는 구분이 없다. 예수님의 부활 사건은 '참된 삶이 모든 인간 실존에서 이루어질 수 있는 것이며, 그것은 우리의 특권이라는 사실'을 깨우쳐 준다.

참된 삶은 극소수를 위해 약속된 것이 아니며, 우리가 마지막 날에 일어나기를 기다리는 것도 아니다. 그것은 지금 우리가 이미 살고 있는 것이다. 그것은 불행한 생에 대한 보상도 아니며, 하나님의 뜻과 인류를 위한 목적에 따라 살아가는 현 실존의 연속성 그 자체이다. (Virginia Fabella, 'The precious gift,' ed. Hannah Ward and Jennifer Wild, *The Westminster Collection of Christian Meditations*, Westminster John Knox Press, 42쪽.)

성서 읽기

우리는 하나님의 작품입니다. 선한 일을 하게 하시려고, 하나님께서 그리스도 예수 안에서 우리를 만드셨습니다. 하나님께서 이렇게 미리 준비하신 것은 우리가 선한 일을 하며 살아가게 하시려는 것입니다. (엡 2:10)

묵상 주제

1) 지금까지 당신은 어떤 목적을 가지고 어떻게 삶을 실현해 오고 있는가?

2) 참된 생이 '영원한 생'이라는 말은 어떤 의미인가?

3) 나의 생을 참된 생으로 완성해 간다는 것은 무엇을 의미하는가?

....
....
....
....

2 삶은 유일한 것이다

삶은 모방이 아니다.

하나님께서 나에게 주신 삶은 유일하다. 유일하다는 것은 나만의 가야 할 길, 나만의 역사, 나만의 소명의 길이 있다는 것을 의미한다.

이 세상에 수십억의 인구가 있지만 지문이 같은 사람은 하나도 없다. 그 사실은 이 세상에 태어나는 사람은 누구나 자기만의 삶이 있음을 의미한다. 우리가 사는 삶의 가치는 재물·사회적 지위·명예에 있는 것이 아니라, 나만이 살아가야 할 유일한 창조적인 삶의 과제가 존재한다는 것에 있다.

나는 신학교 졸업반 때 '졸업 이후에 어떤 목사 상(像)이 되어야 할 것인가?'라는 현실적이면서도 이상적인 물음을 가지고 얼마 동안 고민해 본 적이 있다. 나는 국내외의 앞서 간 선배 신학자들과 목회자들을 머리에 떠올리며 그들 가운데 내가 평생 일치시켜 갈 만한 인물을 찾아내려 했으나 결국 찾지 못했다. 그것은 나의 이상이 높기 때문이 아니었다. 존경할 만하고 본받을 만한 믿음의 선배들은 모두 그들 나름대로 자신의 길을 걸어갔다. 그들의 특성은, 즉 그들이 걸어간 믿음의 생은 매우 유일한 것이었다.

그 후 나는 목사로서 나만의 삶을 직접 찾아내 살아가기로 했다. 만약 내가 그 누구와 같이 되려 하면 외형적인 모방은 가능해도 진정 나의 삶을 살지는 못한다. 그렇게 되면 결국 나는 자신을 소외시키게 되고 인격은 분열되며 가면을 쓰고 인생의 무대에서 광대로 살다가 생을 끝내게 될 것이다.

헨리 밀러의 소설 《사다리 아래에서의 미소》(민음사 역간)의 주인공 어거스트는 사다리 아래에서 벌어진 군중들의 집회가 점점 성공할수록 더욱더 자신의 삶에 목말라 했다. 그는 자신을 소외하는 데서 오는 마음의 상처가 밤마다 깊어졌고, 마침내 더 이상 견딜 수 없게 되었다. 드디어 어거스트는 그의 행복은 화장 없이, 광대 의상 없이, 그리고 항상 끼깅대는 저 낡은 바이올린의 반주 없이, 어거스트 자신으로 사는 것임을 깨닫고 자신으로 살 수 있는 길을 찾아 나서게 된다.

광대의 삶에는 언제나 무의미, 허무, 갈등, 목마름이 있다. 광대는 다른 사람을 웃기고 울릴 수는 있지만 결과적으로 자신의 생을 놓치게 되기 때문이다.

잠시 당신 자신에 대해 생각해 보라. 이 지구상에 당신과 똑같은 사람은 없다. 이것은 분명한 사실이다. 태어날 때 쌍둥이로 태어났다 하더라도 당신과 똑같은 사람이 될 수도 없고 되지도 않는다.

어떤 사람이 당신과 똑같은 염색체를 갖고 있더라도 자란 환경이 다르면 견혀 다른 사람이 되는 것이다. 어느 누구도 당신과 똑같은 사랑과 미움, 욕망과 공포와 근심, 그리고 소망과 욕구를 가질 수 없다. 당신은 유일한 존재다. 지금까지 이 세상 어느 누구도 당신을 대신할 수 없었고 앞으로도 대신할 수 없는, 당신은 그러한 존재다. 하나님과의 개인적인 관계를 종교라 말한다면 현재 당신이 맺고 있는 하나님과의 관계는 하나님과 당신에게 유일한 것이다. 설교를 듣고 종교에 관련된 책을 읽지만—이는 다른 사람의 경험을 배워야 하기에 꼭 필요하지만—결국 당신의 신앙이나 기도는 당신 자신의 것이 되어야 한다. 인생을 마감하는 마지막 때에도 당신 자신이 심판대에 서야 한다. 그때 모든 책임은 당신 자신에게 있다. 주위의 많은 사람들이 당신의 선행이나 악행에 영향을 끼치기도 하고, 그로 인해 그들이 비난의 대상이 될 수도 있고 그들에게 책임을 전가 할 수도 있지만, 그러나 마지막은 당신 자신이 직접 맞아야 하며 어느 누구도 당신을 대신할 수 없다. (Gonville ffrench-Beytagh, 'You are unique,' *The Westminster Collection of Christian Meditations*, 13쪽.)

성서 읽기

주님께서 내 장기를 창조하시고, 내 모태에서 나를 짜 맞추셨습니다. 내가 이렇게 빚어진 것이 오묘하고 주님께서 하신 일이 놀라워, 이 모든 일로 내가 주님께 감사를 드립니다. 내 영혼은 이 사실을 너무도 잘 압니다. 은밀한 곳에서 나를 지으셨고, 땅 속 깊은 곳 같은 저 모태에서 나를 조립하셨으니 내 뼈 하나하나도, 주님 앞에서는 숨길 수 없습니다. 나의 형질이 갖추어지기도 전부터, 주님께서는 나를 보고 계셨으며, 나에게 정하여진 날들이 아직 시작되기도 전에 이미 주님의 책에 다 기록되었습니다. (시 139:13-16)

묵상
주제

1) 나의 삶이 유일하다는 것은 어떤 의미가 있는가?

....
....
....
....

2) 유일한 나만의 삶을 찾아내기 위해서 당신은 어떻게 해야 하는가?

....

....

....

....

3) 지금까지 당신의 삶은 어떤 모습이었는가?

....

....

....

....

3. 삶에는 의미와 목적이 있다

하나님의 선물인 삶에는 의미와 목적이 있다. 삶은 우연으로 된 것이 아니며, 하나님의 뜻과 사랑으로 창조된 것이므로 거기에는 의미와 목적이 숨겨져 있다.

하나님께서는 창조를 위해 인간을 만드시지 않고 하나님의 뜻과 사랑 때문에 인간을 선택하시고 만드셨다. 사물을 표면적으로 볼 때에는 깊이 숨겨져 있는 하나님의 뜻이 밝혀지지 않지만 '영혼의 창'을 통해 사물을 바라볼 때에는 거기에 숨겨진 하나님의 신비를 부분적으로 발견하게 된다.

삶의 의미는 사회적 신분이나 직업의 종류에 있지 않다. 물론 이러한 것들이 상대적으로 우리 자신에게 어느 정도 보람을 느끼게 할 수는 있다. 그러나 진정한 삶의 의미는 거기에 있지 않다. 진정한 삶의 의미는 밭에 숨겨진 보화와 같이 깊이 감춰져 있다. 그것을 발견할 때 우리는 삶의 참된 의미가 어디에 있으며, 그것이 무엇인지를 알게 된다.

참된 삶의 의미는 우리의 삶을 통합하며 우리의 삶을 생동감 있게 만든다. 그것은 하나님께서 우리에게 주시는 선물이기도 하다.

하나님을 믿는 사람이나 믿지 않은 사람 모두, 자신의 생의 소망을 극대화해 가는 삶을 살도록 초대받았다. 당신은 일찍이 현존하시는 하나님의 광채를 경험해 본 적이 있는가?

하나님은 너무 눈부셔서 바라볼 수 없다. 그는 우리의 시력을 잃게 하는 하나님이시다. 이 소멸시키는 불에 길을 내시는 분, 그리고 그 빛으로 우리에게 눈부시게 하지 않고도 우리에게 두루 빛을 비추시는 분이 그리스도시다.

우리가 알건 모르건 그리스도는 우리 각자에게 가까이 다가오시며 현존하신다. 그는 우리가 그를 의식하지 못할 때에도 우리 안에 사시며 우리와 밀접한 관계를 맺으신다. 그는 타오르는 불로, 어둠 속의 빛으로 은밀히 우리 안에 계신다. 그러나 그리스도는 우리와는 전혀 다른 분이다. 그는 우리보다 앞서 저편에 계신다. 그의 비밀이 여기에 있다. 즉, 그가 당신을 먼저 사랑하셨다.

이것이 당신의 의미다. 언제나 사랑받으며, 영원히 사랑받는 것은 당신이 생을 담대히 살게 되는 비결이다. 사랑 없는 그 무엇이 삶의 목적이 될 수 있는가? 기도하며, 투쟁하는 가운데에서도 오직 한 가지 분명히 기억해야 할 사실은 사랑의 상실은 불행이라는 것이다. 비록 당신의 몸을 불사르게 내어준다 할지라도 사랑이 없다면 빛나는 것이 무슨 유익이 있겠는가?

당신은 아는가? 관상(觀想) 그리고 투쟁이 사랑이신 그리스도, 한 분에게서 기인한 다는 것을. 만약 당신이 기도한다면 그것은 사랑에서 온 것이다. 그리고 존엄성 회복을 위해 투쟁한다면 그것 역시 사랑을 위한 것이다.

당신은 이 길로 출발하기를 동의하는가? 사랑을 위해 당신의 생명을 버릴 수 있겠는가? 당신은 다른 사람을 위해 그리스도의 삶을 살겠는가? (Roger Schutz[Brother Roger of Taize'], 'The meaning of life,' *The Westminster Collection of Christian Meditations*, 43-44쪽.)

성서 읽기

그러나 여러분은 더 큰 은사를 열심히 구하십시오. 이제 내가 가장 좋은 길을 여러분에게 보여 드리겠습니다. 사랑을 추구하십시오. 신령한 은사를 열심히 구하십시오. 특히 예언하기를 열망하십시오. 방언으로 말하는 사람은 사람에게 말하는 것이 아니라, 하나님께 말하는 것입니다. 아무도 그것을 알아듣지 못합니다. 그는 성령으로 비밀을 말하는 것입니다. 그러나 예언하는 사람은 사람들에게 말하는 것입니다. 그는 덕을 끼치고, 위로하고, 격려하는 말을 합니다. (고전 12:31-13:3)

묵상 주제

1) 당신의 생의 의미와 목적이 어디에 근거하고 있다고 생각하는가?

2) 다른 사람에게 사랑을 받는다는 느낌을 가져본 적이 있는가? 그때의 느낌은 어떠했는가?

....
....
....
....

3) 참된 사랑이 가지고 있는 힘은 어떤 것인가?

....
....
....
....

4. 삶은 춤이다

은반 위에서 연출되는 아이스 발레를 상상해 보라. 그것은 조화로운 한 폭의 그림이다. 발레리나들의 빠르고 유연한 동작과 조화는 모든 관객들의 마음을 완전히 사로잡는다. 그들이 은반 위에서 춤을 출 때는 반드시 배경 음악이 있다. 발레의 종류에 따라 배경 음악이 고전적인 것이 되기도 하고 현대적인 것이 되기도 한다. 발레리나들은 그 음악의 선율에 따라 몸동작을 한다. 이때 발레리나와 음악은 하나다. 만약 그때 두 가지의 다른 선율이 동시에 나온다고 하면 춤은 불가능할 뿐만 아니라 한다고 해도 동작의 분열이 생겨 조화로운 춤은 불가능하다. 춤을 추는 사람은 언제나 하나의 선율에 따라 춤을 추어야 한다. 즉, 선율에 자신의 마음과 정신, 그리고 감정과 의지를 일치시켜 몸동작을 전개해 가는 것이다.

우리의 삶도 그와 비슷하다. 산다는 것은 춤을 추는 것이다. 우리가 삶의 춤을 출 때 한 가지 이상의 선율에 맞추어 춤을 추려고 하면 우리의 인격은 분열된다. 우리의 춤은 언제나 하나의 선율에 따른 통일된 동작이어야 한다. 아름다운 선율에 맞추어 춤을 추며 살아가는 삶은 매우 행복하다.

우리가 살고 있는 이 현실에는 많은 선율이 있다. 그리고 그 선율을 만들어 내는 실재들이 있다. 그러한 모든 선율이 우리의 삶을 형성해 가는 것이다.

한편 이 우주에는 우리가 보통 귀로 들을 수 없는 우주의 궁극적인 실재(Reality)로부터 연주되어 나오는 선율도 있다. 인간 역사에서 조화롭고 아름다운 춤을 보여 준 사람들은 삶에서 하나의 공통점을 갖고 있다. 그들은 모두 다른 사람들이 듣지 못하는 우주의 선율에 맞추어 춤을 춘 사람들이다.

토마스 머튼은 축복의 춤을 '우주의 춤'(General Dancing)이라고 했다. 우주의 춤은 무엇을 의미하는가? 모든 것과 하나 됨을 의미한다. 머튼에 의하면 '우주의 춤'은 하나님이 만드셨으며, 창조주와 완전히 일치하여 운행되는 우주를 말한다. 다시 말하면 온전하게 조화로운 삶을 의미하는 것이다.

> 삶을 위한 우주적 안내서는 없다. 산다는 것은 상황에서 이루어지는 선택의 연속이며 춤을 추는 것과 같다. 춤을 출 때 당신은 공간을 채우는 선율과 조화에 따라 당신의 몸을 움직인다.
>
> 인간들이 경험하는 곤경(困境)의 복잡성은 일치하지 않는 수많은 선율과 하모니들이 같은 시간에 연주되고 있다는 사실에서 온다. 우리는 그것들 모두에 맞추어 춤

을 출 수 없다. 만약 우리가 그렇게 하려고 시도한다면 우리는 곧 분열증 환자가 되고 우리의 몸은 모순되는 원동력에 의해 갈라지고 말 것이다.

인격은 통합을 요구한다. 키에르케고르는 마음의 순수함은 오직 한 가지를 선택하는 데 있다고 했다. 그렇게 함으로써 우리는 '마음의 깨끗함은 오직 한 가지 선율에 의해 춤을 추는 것'이라고 말하게 된다.

지금 우리는 어떤 실재가 연주하는 선율에 맞춰 춤을 출 수 있다. 어떤 선율에 맞추어 춤을 추느냐에 따라 우리의 삶의 방식은 현실적이 되거나 실용적이 될 수 있다. 또는 어떤 신비스러운 주문이나, 우리가 알지 못하는 세계, 즉 우리의 희망과 열망의 세계에서 오는 선율에 매료되어 우리의 몸을 움직일 수도 있다. 희망은 미래의 선율을 듣는 것이며, 믿음은 그것에 따라 춤을 추는 것이다. 미래의 선율은 자유와 사랑, 생명의 약속을 포함한다. 비록 우리가 그것을 잘 알아듣지 못한다 하더라도, 그것에 몸을 던질 만한 가치가 있다. (Rubem A. Alves, *Tomorrow's child: Imagination, Creativity, and the Rebirth of Culture*, SCM Press, 194-196쪽.)

성서 읽기

그러니, 이 세대 사람을 무엇에 비길까? 그들은 무엇과 같은가? 그들은 마치 어린아이들이 장터에 앉아서, 서로 부르며 말하기를 "우리가 너희에게 피리를 불어도, 너희는 춤추지 않았고, 우리가 애곡을 하여도 너희는 울지 않았다" 하는 것과 같다. (눅 7:31-32)

묵상
주제

1) 태초에 있었던 우주의 춤이 어떤 것인지 한번 상상해 보라.

2) 산다는 것이 춤을 추는 것과 같다는 것은 무엇을 의미하는가?

3) 지금까지 당신은 삶에서 어떤 선율에 맞춰 춤을 추어 왔는가?

4) 우리는 어떤 선율에 맞춰 춤을 추어야 하는가?

5. 삶은 영원을 위한 준비다

우리의 생은 현실에만 국한되어 있지 않다. 그것은 영원과 잇대어 있다. 어머니 태에서 형성되고 있는 생명은 그것 자체로 끝나는 것이 아니라 다가올 다음 세상을 위한 것이며, 현실의 생은 영원을 위해 존재하는 것이다.

이렇듯 인간은 누구나 세 단계의 생을 살게 되며, 현실의 생은 그 자체로서 의미를 가지지 못한다. 최종적인 단계의 생이 있으므로, 첫 번째 두 번째 단계의 생이 그 의미와 가치를 지니는 것이다.

'시간은 소중하다'는 사실이 우리에게 유리한 조건이 되지 못할 때, 비로소 우리는 시간이 소중하다는 사실을 알게 된다. 하루 중 15분이 전 세계의 부보다 더 가치 있게 여겨질 때가 있다. 무엇보다 그의 관대하심 가운데서 해방과 자유를 베푸시는 하나님은, 우리가 시간을 소중하게 사용하지 않으면 안 된다는 것을 그의 탁월한 지혜의 경륜으로 가르치신다. 그는 우리에게 한순간을 주시기도 하시고, 그 순간을 주셨다가 거둬들이기도 하신다.

시간은 영원을 준비하기 위해 우리에게 주어졌다. 그리고 영원은 (만약 우리가 그것을 잘못 사용하였다면) 시간의 손실에 대해 오랫동안 후회할 만큼 길지 않다. 우리의 심장과 마찬가지로 우리의 생도 하나님께 속해 있다. 하나님은 우리를 섬기기 위해 우리에게 생을 주셨다.

언제나 우리의 조건에 맞는 것만을 할 수는 없다. 침묵하는 것, 고통을 겪는 것, 우리가 요청할 수 없을 때 기도하는 것도 하나님께 받아들여질 수 있다. 실망과 모순, 거슬리는 말을 그의 현존 속에서 받아들이고 인내하는 것은 긴 기도보다 값어치가 있다. 그리고 온유, 인내로 손실을 받아들인다면 우리는 시간을 상실하지 않는다. 비록 그것이 우리의 과실로 인한 것이 아니었다 할지라도.

그러므로 우리는 공허한 놀이, 쓸모없는 행동, 자기 사랑에서 비롯된 변명, 마음을 산만하게 하는 대화 같은 것들을 중단하고 우리의 날들을 구속되어 가는 시간으로 사용하자. 그렇게 함으로써 우리는 하나님을 섬기는 시간을 발견하게 된다. 그리고 그에게 헌신하지 않는 무익한 시간은 사라지게 된다. (Francois de la M, Fenelon, 'To prepare for eternity,' The Westminster Collection of Christian Meditations, 49쪽.)

성서 읽기

그러므로 여러분은 어떻게 살아가야 할지를 살피십시오. 지혜롭지 못한 사람처럼 살지 말고, 지혜로운 사람답게 살아야 합니다. 세월을 아끼십시오. 때가 악합니다. 그러므로 어리석은 자가 되지 말고, 주님의 뜻이 무엇인지를 깨달으십시오.

술에 취하지 마십시오. 거기에는 방탕이 따릅니다. 성령의 충만함을 받으십시오. 시와 찬미와 신령한 노래로 서로 화답하며, 여러분의 가슴으로 주님께 노래하며, 찬송하십시오. 모든 일에 언제나 우리 주 예수 그리스도의 이름으로 하나님 아버지께 감사를 드리십시오. (엡 5:15-20)

묵상 주제

1) 본문에서 말하는 시간이 의미는 무엇인가?

....
....
....
....

2) 지금까지 어떤 일을 위해서 가장 많은 시간을 사용해 왔는가? 그 이유가 어디에 있다고 생각하는가?

....

....

....

....

3) 당신은 남은 생의 시간을 무엇을 위해 살려 하는가?

....

....

....

....

3 훼손된 삶

> 여자가 그 나무의 열매를 보니, 먹음직도 하고 보암직도 하였다. 그뿐만 아니라, 사람을 슬기롭게 할 만큼 탐스럽기도 한 나무였다. 여자가 그 열매를 따서 먹고, 함께 있는 남편에게도 주니, 그도 그것을 먹었다. −창세기 3장 6절

하나님의 선물인 삶이 수고롭고 무거운 짐이 된다는 것은 단순히 심리적·사회적인 원인만이 아니다. 영적 차원의 문제이다. 삶이 무거운 짐이 되는 것은 주신 분의 의도대로 되지 않기 때문이다. 삶이 무거운 짐이 된다는 것은 삶의 의미와 목적 상실을 의미한다.

훼손된 삶의 특징은 관계의 파괴이다. 여기서 관계란 나와 나 자신, 나와 이웃, 나와 하나님, 나와 자연을 의미한다. 이러한 관계의 파괴로 많은 고통과 악 그리고 질병이 생겨났다.

폴 투르니에는 이렇게 말했다. "오늘날 우리의 세상이 건강하지 못하다는 것을 알기 위해 위대한 학자가 될 필요는 없다. 이 세상은 훼손된 세상이다. 훼손된 세상의 악은 수를 헤아릴 수 없을 정도로 많다. 세상은 고통으로 몸부림치고 있다. 악은 그 절정의 무대가 지나간다 해도 근본적으로 치유되지 않을 것이다. 우리는 고통을 일시적으로 경감시키는 것에 깊이 길들여져 있다. 우리가 고통스러워하는 질병들은 무엇 때문인가?"

오늘날 과학은 우리가 겪는 고통의 성질, 원인, 발생 동기를 밝혀 준다. 그러나 그 문제의

의미와 목적에 관해서는 아무런 해답을 주지 못한다. 그것은 영적 차원에 속한 것이므로 신앙에서만 해답을 얻을 수 있다.

1. 삶을 훼손하는 실체

우리는 훼손된 삶으로 고통 받는다. 그 고통이 약이나 과학적인 처방을 써서 일시적으로 경감할 수는 있지만, 근본적인 치유는 되지 않는다.

훼손된 삶으로 고통 받는 것들은 내면적이며, 정신적인 것, 그리고 영적인 차원의 것들이 대부분이다. 이러한 고통은 우리의 잘못된 삶과 밀접한 관련이 있다. 우리의 삶을 파괴하고 분열시키는 요인은 악이다. 또한 그러한 악을 조성하고 증대하는 실체(Reality)가 있다.

예수님은 당시 사람들의 고통을 일시적으로 경감해 주지 않으셨다. 그리고 예수님은 그들의 고통을 분석하거나 논리적으로 설명하는 것에서 끝내지 않으셨다. 예수님은 사람들이 겪는 고통의 실체를 폭로하시고 고통의 속박에서 인간을 해방하셨다.

인간 고통의 원인을 단순히 심리적·정신적·사회적 차원에서만 분석하지 않고 좀더 깊이 문제를 들여다본다면 진정 놀라운 사실을 발견할 것이다. 그것은 삶을 파탄하고, 혼란스럽게 만들고, 분열시키는 다른 실체에 의해 인간의 삶이 지배당한다는 사실이다. 그 실체가 어떤 것이며 그것이 목적하는 바가 무엇인지 간파한다면, 우리는 좀더 경각심을 갖고 우리의 삶을 잘 살아 낼 수 있을 것이다.

어느 곳에나 편재하시는 하나님과 달리, 사탄은 여러 곳에 동시에 있을 수 없다. 사탄은 한 번에 한 곳에서만 나타난다. 그러나 사탄은 장소를 옮겨 활동하는 데 있어 매우 민첩하다. 따라서 귀신들을 포함해 사탄의 수하에 있는 많은 영들은 온 우주를 횡행하며, 사탄의 모략을 수행할 수 있는 것이다.

사람들을 괴롭히는 것이야말로 이 세상에서 광범위하게 활동하는 귀신들의 주 업무이다. 특히 그들은 그리스도인들을 괴롭힌다. 사탄은 하나님께서 좋아하시는 것은 그 어떤 것도 좋아하지 않는다. 그렇기 때문에 사탄은 하나님의 아름다운 피조물인 인간을 괴롭히기로 작정하고는 그의 졸개들을 동원해 우리를 괴롭히는 것이다. (찰스 H. 크래프트,《사악한 영을 대적하라》, 은성출판사 역간, 27쪽.)

우리는 악의 실체가 무엇인지 밝히기 위해 멀리 여행을 떠날 필요가 없다. 왜냐하면 우리의 내면에 있는 투쟁 장소 안에서 그 악을 연구할 수 있고 연구해야만 하기 때문이다. 만약 악의 실체를 우리 내면에서 발견한다면, 그 악이 만연하는 사회적인 여러 사건 속에서, 더 나아가서는 국가적인 큰 사건들 속에서도 발견할 수 있다고 확신한다.

내가 행하고 상상해 왔던 좋지 못한 일들 중에 어떤 것은 꼭 부당하게 취급받은 결과 때문이 아니라고 나는 확신한다. 내가 받았던 내면의 상처들이 훗날 다른 사람들을 상처주기 위한 재료로 준비된 것처럼 여겨질 때가 있다. 왜냐하면 그러한 상처들의 영향이 훗날 나의 잘못된 행동이나 생각을 일으키는 데 영향을 주었음을 부인하기 어렵기 때문이다. 또 내 마음속에서 일어나는 내적 대화는 나에게 악한 선택을 하도록 하는 목소리나 충동이 있음을 암시한다.

또 한편 나는 나를 방어하려는 목소리나 충동들과 온갖 논쟁을 한다. 이것이 나의 과거 경험에 기초하여 컴퓨터 처리된 반응인가? 그렇지 않으면 태어날 때부터 이런 방법으로 반응하도록 미리 계획된 것인가? 만일 태어날 때부터 그러했다면, 그것을 분석하고 나 자신에게 설명한다는 것은 혼란스럽다. 더욱이 그렇게 할 경우, 스스로에게 빚어낼 모든 손실을 지적하는 것도 혼란스럽다.

내 속에 있는 악의 근원은 부분적으로 축적된 분노와 노여움의 결과일 수도 있고, 자신의 인생 경험에서 가장 강하고 열정적인 것의 재연이기도 하며, 사랑을 잃어버릴까 두려워하는 반응일 수도 있다. 그렇지만 이와 같은 묘사는 내 속에 있는 악의 독립성을 적절하게 설명한 것 같지 않다. 내가 행했던 악의 배후에 있는 충동·에너지·의지는 나의 과거 경험의 일면이 아니라, 오히려 내가 대항해 투쟁해야만 하는 실체라고 믿는다.

악의 실체를 과대평가하는 일을 제외하고, 그것을 과소평가하는 일보다 더 위험한 것은 없다. 악을 행하는 경향이 자신에게서 나오든 인류에게서 나오든, 악의 실체는 생생하고 도전적이다. 그것은 우리로 하여금 선한 싸움을 싸우도록 한다. 우리는 투쟁의 드라마를 가지고 있다. 만일 악이 지니는 어두움을 인간의 한 속성으로 이해하지 않을 경우 우리가 그리는 자화상은, 마치 내면의 치열한 갈등을 담아내지 못하고 생동감을 잃어버린 희미한 파스텔화에 지나지 않을지도 모른다.

우리 안에 있는 투쟁은 우리의 미성숙에서 온 것이 아니다. 왜냐하면 성인이 되었을 때도 우리는 여전히 악에 대항해 싸우기 때문이다. 더 성숙할수록 더 깊이 인식할수록 더 도덕적이 될수록, 악에 대한 감각은 강해지고 악에 대한 투쟁은 계속 일어난다. (Jim Thompson, 'The reality of evil,' *The Westminster Collection of Christian Meditations*, 60쪽.)

성서 읽기

주 하나님이 뱀에게 말씀하셨다. "네가 이런 일을 저질렀으니, 모든 집짐승과 들짐승 가운데서 네가 저주를 받아, 사는 동안 평생토록 배로 기어 다니고, 흙을 먹어야 할 것이다. 내가 너로 여자와 원수가 되게 하고, 너의 자손을 여자의 자손과 원수가 되게 하겠다. 여자의 자손은 너의 머리를 상하게 하고, 너는 여자의 자손의 발꿈치를 상하게 할 것이다." 여자에게는 이렇게 말씀하셨다. "내가 너에게 임신하는 고통을 크게 더할 것이니, 너는 고통을 겪으며 자식을 낳을 것이다. 네가 남편을 지배하려고 해도 남편이 너를 다스릴 것이다." 남자에게는 이렇게 말씀하셨다. "네가 아내의 말을 듣고서, 내가 너에게 먹지 말라고 한 그 나무의 열매를 먹었으니, 이제, 땅이 너 때문에 저주를 받을 것이다. 너는, 죽는 날까지 수고를 하여야만, 땅에서 나는 것을 먹을 수 있을 것이다. 땅은 너에게 가시덤불과 엉겅퀴를 낼 것이다. 너는 들에서 자라는 푸성귀를 먹을 것이다." (창 3:14-18)

묵상 주제

1) 성서는 인간의 고통의 문제에 대해 무엇을 말해 주는가? 세상에 있는 악과 고통의 문제는 단순히 심리적·사회적인 요인인가?

2) 고통의 문제들을 어떤 방식으로 해결하는가? 당신이 가장 쉽게 자신의 문제를 해결하는 방식은 무엇인가?

3) 지금 당신의 문제가 지시하는 의미와 목적이 무엇인지 묵상하는 가운데 찾아보라.

2 죽음에 이르는 병-소외

철학자 키에르케고르에 의하면 "죽음에 이르는 병"은 절망이며, "절망은 정신 속에 있는 병, 자기 자신 속에 있는 병으로서 거기에는 세 가지 경우가 있다. 절망해서 자기 자신을 가지고 있음을 자각하지 못하는 경우, 절망해서 자기 자신이고자 바라지 않는 경우, 절망해서 자기 자신이고자 바라는 경우"이다.

훼손된 삶에서 나타나는 두드러진 현상이 소외와 절망이다. 인간은 자기 자신을 소외할 뿐만 아니라 이웃, 하나님, 그리고 자연도 소외시킨다. 대신 그들은 허상을 만들어 자신을 나타내 보이려 한다. 허상을 가지고 살아가는 사람은 그만큼 자기 자신의 소외 현상에 더 깊이 빠지게 된다. 소외현상에 깊이 빠져들수록 인간은 헛된 것을 붙잡게 되며 더욱더 자유가 없는 노예의 삶을 살게 된다.

소외는 철저히 자기 자신임을 부인하는 마음의 병이기에 소외 속에서 인간은 깊은 절망을 더 깊이 경험하게 된다. 절망은 인간으로 하여금 더욱 자기 자신이 되게끔 할 수도 있고, 자기 자신과 더 멀어져 파멸에 이르게 할 수도 있다. 그러한 의미에서 소외는 죽음에 이르는 병이다.

소외는 자신의 진정한 모습을 보지 않으려 하는 일종의 도피이다. 자신을 대면하는 것이 너무 두려워 자기의 얼굴을 자신에게서 허상으로 돌려 버리는 것이다. 그때 그가 바라보는 허상은 그의 이상일 수도 있고, 다른 사람에 의해 만들어진 모조품일 수도 있다. 둘 다 참된 자신과는 거리가 멀다.

진정한 자기 자신은 소외로 인한 절망 가운데 몸부림치는 그것이다. 그러나 사람들은 그것이 자기 자신이라 생각하지 않는다. 자기 자신은 강하고, 믿음직스럽고, 존경받을 수 있는 인물이어야만 한다고 생각한다.

자신을 소외하는 인간은 무엇인가를 기다린다. 그리고 그 기다림이 잃어버린 자기 자신을, 이웃을, 하나님을 향한 기다림임을 인식하지 못한다. 그 사실을 인식하기까지는 상당한 시간이 필요하다. 절망은 바로 그러한 자기 자신을 만나는 자리가 될 수 있다. 그렇게 될 때 그는 자신에게 진정으로 누가 필요한지를 알게 된다.

우리 시대의 모든 사람들은 저마다 개체로 분리되어 있기 때문에 자신의 토굴 속에 고립되어 버리고 다른 사람들로부터 분리되어 스스로를 감추며 자신이 가진 것을 감추고, 결국은 사람들로부터 자신을 멀리하고 자신으로부터 사람들을 멀리하는 결과를 낳게 되는 것이다.

사람들은 재산을 몰래 모으면서 이제 자신은 너무나 강하며 너무나 안전하다고 생각하지만, 그런 자신이 재산을 모을수록 점점 더 자살 행위 같은 무기력에 빠져 드는 바보라는 사실을 모르고 있다. 왜냐하면 자기 하나에 대한 기대감만을 지닌 채 자신을 하나의 개체로서 전체로부터 떼어 놓고서는 인간의 도움, 인간 자체, 인간성 등을 믿지 않도록 자신의 영혼을 훈련시켜서 자기 돈이, 그리고 돈으로 얻은 자신의 권리가 사라시시나 않을까 두려워할 뿐이기 때문이다.

오늘날 세상 어느 곳에서나 인간의 이성은 개성의 진정한 보장이 고립된 개개인의 노력에 있는 것이 아니라 인류의 보편적 전체에 있다는 사실을 냉소하며 이해하지 않으려 하고 있다. 그러나 그 무서운 고립에도 최후의 순간이 찾아오고, 사람들은 서로 떨어져 있는 것이 얼마나 부자연스러운지를 단숨에 이해하게 될 것이다.

시대사조 역시 그렇게 되어서 사람들은 오랫동안 어둠 속에 주저앉아 빛을 볼 수 없었다는 사실에 놀라게 될 것이다. 그때 사람의 아들의 표적이 하늘나라에 나타날 것이다. (표도르 도스토예프스키,《까라마조프 씨네 형제들 2》, 열린책들 역간, 643-676쪽.)

성서 읽기

어떤 부자가 밭에서 많은 소출을 거두었다. 그래서 그는 속으로 '내 소출을 쌓아둘 곳이 없으니, 어떻게 할까?' 하고 궁리하였다. 그는 혼자 말하였다. "이렇게 해야겠다. 내 곳간을 헐고서 더 크게 짓고, 내 곡식과 물건들을 다 거기에다가 쌓아 두겠다. 그리고 내 영혼에게 말하겠다. 영혼아, 여러 해 동안 쓸 많은 물건을 쌓아 두었으니, 너는 마음 놓고, 먹고 마시고 즐겨라." 그러나 하나님께서 말씀하셨다. "어리석은 사람아, 오늘밤에 네 영혼을 네게서 도로 찾을 것이다. 그러면 네가 장만한 것들이 누구의 것이 되겠느냐?" 자기를 위해서는 재물을 쌓아두면서도, 하나님께 대하여는 부요하지 못한 사람은 이와 같다. (눅 12:16-21)

묵상 주제

1) 지금까지 살아오면서 소외를 경험한 적이 있는가? 소외와 외로움은 다르다고 생각하는가?

2) 왜 소외가 '죽음에 이르는 병'이라고 생각하는가? 거기에 동의하는가?

3) 인간은 소외 현상이 깊어질수록 참인간의 모습에서 멀어지게 된다. 그 원인이 무엇이라고 생각하는가?

3. 죽음에 이르는 병–우상

소외 가운데 있는 인간이 쉽게 붙잡는 것은 우상이다. 우상은 인간에게 가장 매혹적이며, 의심의 여지없이 진실한 것처럼 가장해 찾아온다. 인간은 소외 속에서 의지할 대상을 찾는다. 자신의 생의 불안과 두려움을 해소해 줄 대상을 찾는 것이다. 그때 우상은 가면을 쓰고 나타난다. 피조물에 불과하면서도 마치 영구한 것처럼, 인간의 불안을 해결해 줄 전능자인 양 자신을 위장한다.

염려와 불안에 싸인 인간에게 나타나는 우상은 매우 다양하다. 모세의 인도를 따라 광야로 나간 이스라엘을 크게 위협한 것이 바로 우상이었다. 처음에 그들은 하나님과 우상을 잘 구별하지 못했다.

우상은 하나님에 대한 믿음, 희망, 사랑을 잃어버린 인간의 내면에서 발생한다. 그리고 인간의 욕심에서 나온다. 우상의 특성은 인간을 완전히 노예로 삼는 것이다. 그리고 우상 없이는 살 수 없을 것처럼 인간을 속인다. 우상에 중독되게 하고 결국은 우상으로 인해 죽게 만든다. 참된 사랑에 굶주린 인간에게 성(性)은 아주 대단한 것으로 부각된다. 마치 인간의 문제를 모두 해결할 것처럼, 인간의 외로움을 완전히 메워 줄 것처럼 다가와 속삭인다. 그 속삭임은 충동을 불러일으키고 충동은 인간의 눈을 어둡게 한다. 결국 인간은 충동에 이끌려 죽음의 도살장으로 끌려가게 되는 것이다.

인간의 약점을 이용하는 실체가 있다. 그 실체는 모든 피조물을 이용해 인간을 자기 자신의 노예로 삼는다. 악의 실체인 사탄은 최초의 인류인 아담에게도 나타났고, 제2의 아담인 예수님에게도 나타났다.

사탄은 매우 매혹적인 미끼를 던져 예수님을 유인하려고 했지만, 예수님은 사탄의 계획이 무엇인지 아셨다. 예수님은 사탄이 지시하는 길로 행할 때 어떤 결과가 오리라는 것도 알고 있었다. 결국 사탄은 예수님을 넘어뜨리시 못하고 물러서게 되었다. 최종적으로 예수님이 십자가에서 사탄의 권세를 완전히 꺾으신 것이다.

우상숭배는 다양한 형태를 지닌다. 그것 가운데 어떤 것은 지시적이고, 어떤 것은 의심의 여지없이 현혹적이며 매력적이다.

오늘날 우리는 현대의 우상에 사로잡힌 사람, 관계, 제도, 이념, 운동, 나라들을 목격한다. 우리와 우리의 예배를 노예로 사로잡고 있는 현대의 우상은 잘 알려진 실체들, 즉 돈·소유·권력·종족·계급·성·국가·지위·성공·일·폭력·종교·이념·운동 등이다.

현대 우상의 호전적인 힘은 상거래 단체와 제도, 정부 부서와 기관들, 사적이며 공적인 정치제도, 다양한 직업, 학교, 매체와 여흥, 그리고 교회를 사로잡고 있다. 이러한 우상과 신들의 실재는 우리의 일상적인 삶에 깊은 영향을 주는 정치제도와 사회, 문화형태에 깊은 영향을 끼친다. 우상은 그들의 이념을 정당화하고 언어를 왜곡하여 마치 자신이 거짓을 진실인 양 변질하는 힘을 가진 홍보 조직인 것처럼 스스로를 영속화(永續化)한다.

성서적 이해로, 우상은 인간이 하나님 안에 있는 생명의 근원에서 떨어져 나와 생명과 구원을 추구하는 인간적 결단을 하는 것에서 비롯된다. 우상은 윌리엄 스트링펠로우(William Stringfellow)가 묘사한 것처럼 하나님의 이름을 사칭한 것이다. 그들은 신처럼 예배되고 높임 받는 물건, 관념, 사람 혹은 제도이다. 인간은 하나님을 대신해 이러한 유한한 것들을 궁극적 관심의 대상으로 섬기고 예배한다.

우상은 생명의 수여자로서 그리고 구원의 창시자로서의 하나님을 부인하며, 마땅히 예배할 대상에게 예배하지 못하게 함으로써 인간을 비인간화하고, 인간 생명을 지배하지 않고 종으로 섬길 위치에 있는 사물들의 고유한 본질을 더럽힌다. (Jim Wallis, 'Contemporary idolatries,' *The Westminster Collection of Christian Meditations*, 62쪽.)

성서 읽기

우상을 만드는 자들은 모두 허망한 자들이다. 그들이 좋아하는 우상은 아무 쓸모가 없는 것들이다. 이런 우상을 신이라고 증언하는 자들은 눈이 먼 자들이요, 무지한 자들이니, 마침

내 수치만 당할 뿐이다. 아무런 유익도 없는 신상을 만들고 무익한 우상을 부어 만드는 자가 누구냐? 그런 무리는 모두 수치를 당할 것이다. 대장장이들은 사람일 뿐이다. 그들을 모두 불러모아 법정에 세워라. 그들은 두려워 떨며, 수치만 당할 것이다. 철공은 그의 힘센 팔로 연장을 벼리고, 숯불에 달구어 메로 쳐서, 모양을 만든다. 이렇게 일을 하고 나면, 별 수 없이 시장하여 힘이 빠진다. 물을 마시지 않으면, 갈증으로 지친다. 목공은 줄을 늘여 나무를 재고, 석필로 줄을 긋고, 대패질을 하고, 걸음쇠로 줄을 긋는다. 그렇게 해서 사람의 아름다운 모습을 따라, 우상을 만들어 신전에 놓는다. 그는, 용도에 따라 숲에서 백향목을 찍어 오기도 하고, 삼나무와 상수리나무를 베어 오기도 한다. 그러나 그 나무들은 저절로 튼튼하게 자란 것이지, 그들이 키운 것이 아니다. 하늘에서 내리는 비를 머금고 자라는 것이지, 그들이 자라게 하는 것이 아니다. 이 나무는 사람들에게 땔감에 지나지 않는다. 목공 자신도 그것으로 몸을 따스하게 하고, 불을 피워 빵을 굽기도 한다. 그런데 그것으로 신상을 만들어서 그것에게 절하며, 그것으로 우상을 만들어서 그 앞에 엎드린다! 우상을 만드는 것과 꼭 같은 나무 반 토막으로는 불을 피우고, 그 불덩이 위에 고기를 구워 먹고, 그것으로 배를 불리며, 또 몸을 따스하게 하며 "아, 불을 보니 따뜻하다" 하고 말한다. 불을 때고 남은 토막으로는 신상 곧 우상을 만들고, 그 앞에 엎드려 숭배하고, 그것에게 기도하며 "나의 신이여, 나를 구원하여 주십시오" 하고 빈다. 백성이 알지도 못하고 깨닫지도 못하는 것은 그들의 눈이 가려져서 볼 수 없기 때문이며, 마음이 어두워져서 깨달을 수 없기 때문이다. 그런 사람에게는 생각도 없고 지식도 없고 총명도 없다. 그자 한다는 말이 "내가 그 나무의 반 토막으로는 불을 피워, 그 불덩이 위에 빵을 굽고 고기를 구워 먹었지. 불을 때고 남은 나무로는 가증한 우상을 만들었지. 이제 나는 그 나무 토막 앞에 절한다" 하는구나. (사 44:9-19)

묵상 주제

1) 당신이 지금까지 생각해 온 우상의 개념은 어떤 것들인가?

2) 이 시대에 우리가 우상으로 섬기는 것들에는 무엇이 있는가?

3) 우상이 주는 해독(害毒)은 무엇인가?

4. 죄책감

훼손된 삶에서 사람들이 가장 많이 경험하는 것이 죄책감이다. 죄책감은 우리의 인격을 분열시키고 삶을 무기력하게 만든다.

사람들은 죄책감을 경감하기 위해 일에 몰두하기도 하고 알코올이나 약물을 복용하기도 한다. 그러나 이러한 것은 우리를 죄책감에서 해방시키지 못한다. 일시적으로 잊을 수는 있어도 일정한 시간이 지나면 다시 살아나 자신을 괴롭힌다. 어떻게 죄책감에서 해방될 수 있는지 논하기 전에 죄책감이 생기는 원인에 대해 알아보는 것이 현명하다.

죄책감에는 '거짓된 죄책감'과 '참된 죄책감'이 있다. 거짓된 죄책감은 기능적 죄책감으로서 사회적 암시에서 기인한 것이다. 이것은 금기에 대한 두려움, 혹은 타인의 사랑을 잃게 될 것에 대한 두려움이다. 참된 죄책감은 가치 죄책감으로서 확실한 기준을 저버린 것에 대한 진정한 자각이다. 그것은 자신에 대해 스스로 내리는 자유로운 판단이다.

거짓된 죄책감은 아이에게 평균 정도로 존재하며 신경증 환자에게는 강하게, 정상적인 성인에게는 계속해서 약하게 남아 있다. 참된 죄책감은 자기 자신과 관련된 잘못에 대한 죄책감이며, 자신과의 정상적인 관계를 깨뜨린 것에 대한 죄책감이다.

> 인간의 참된 죄책감은 마음속 가장 깊은 곳에서 하나님께로부터 질책받는 것들로부터 나온다. 오로지 그들만이 그것이 무엇인지를 발견할 수 있다. 그리고 그것들은 보통 사람들에게 비난받는 것들과는 진히 다르다. 성성을 통해 수어지는 하나님에 대한 언급은 우리의 문제를 놀랄 만한 방법으로 설명한다. '거짓된 죄책감'은 인간의 판단과 암시의 결과로 나타나는 것이며, '참된 죄책감'은 거룩한 판단에서 오는 것을 말한다. (폴 투르니에, 《죄책감과 은혜》, IVP 역간, 97쪽.)

우리는 우리 자신을 하나님이 바라시는 모습대로 받아들이지 않으려는 경향이 있다. 하나님께서는 우리를 그의 의도대로 부르시고, 용서하시고, 치유하시고, 받아들이시고, 우리와 화해하시고, 우리의 상실을 보상하시길 원하신다. 그런데 우리는 하나님의 마음을 받아들이길 거부한다. 그리고 우리 자신의 생을 우리가 생각하는 대로 만들어 가기를 원한다. 그럴수록 우리의 생은 훼손되어 가고 하나님의 의도와는 멀어지게 된다.

파선한 배에 구멍이 뚫려 물이 새어 들어오기 시작할 때, 사람들은 파선한 배를 수리하고자 한다. 만약 그들이 배에 대해 잘 알지 못하는 사람들이라면, 그들의 처방은 오히려 배의 상태를 더욱 악화시킨다. 우리의 생도 마찬가지다. 훼손된 생을 우리가 바로잡으려고 할 때 우리의 생은 더욱더 혼란스러워지고 악화된다.

'복음'이란 '좋은 소식'을 의미한다. 그것은 하나님의 은혜에 대한 좋은 소식이다. 그러나 기독교 세계는 영원한 형벌에 대한 두려움을 마음대로 키워 왔다. 그것이 죽음에 대한 공포에 어떤 영향을 미치는지는 정확히 측정할 수 없다고 생각한다. 그럼에도 불구하고 죽음에 대한 공포는 극동보다도 기독교권인 서구에서 더 위세를 떨치고 있는 것 같다.

숱한 사람들이 자신의 과거 행위-하나님의 인도하심이라고 신실하게 믿으면서 선택한 일일지라도-에 대해 쏟아 내는 그칠 줄 모르는 비판은 하나님의 계획에 대한 너무나 순진한 이해에서 기인한다. 그들은 방향을 조금이라도 잘못 잡았다가는 인생의 성공이 완전히 망가질 것처럼 생각한다. 하나님의 계획을 위태롭게 하는 것은 바로 이 거짓된 순진한 이해와 그로 인해 생긴 절망감과 죄책감이다. 다행스럽게도 하나님의 계획의 성취는 인간의 완벽한 순종에 달려 있지 않다. 하나님이 그분께 청종하는 이들의 순종을 이용하신다는 점은 명백한 사실이다. 놀라운 사실은 하나님이 인간의 잘못과 마음의 완악함도 이용하신다는 점이다. (위의 책, 234, 236쪽.)

성서 읽기

실로, 나는 죄 중에 태어났고, 어머니의 태속에 있을 때부터 죄인이었습니다. 마음속의 진실을 기뻐하시는 주님, 제 마음 깊은 곳에 주님의 지혜를 가르쳐 주셨습니다. 우슬초로 나를 정결케 해 주십시오. 내가 깨끗하게 될 것입니다. 나를 씻어 주십시오. 내가 눈보다 더 희게 될 것입니다. 기쁨과 즐거움의 소리를 들려주십시오. 주님께서 꺾으신 뼈들도, 기뻐하며 춤출 것입니다. 주님의 눈을 내 죄에서 돌리시고, 내 모든 죄악을 없애 주십시오. 아, 하나님, 내 속에 깨끗한 마음을 창조하여 주시고 내 속을 견고한 심령으로 새롭게 하여 주십시오. 주님 앞에서 나를 쫓아내지 마시며, 주님의 성령을 나에게서 거두어 가지 말아 주십시오. 주님께서 베푸시는 구원의 기쁨을 내게 회복시켜 주시고, 내가 지탱할 수 있도록 내게 자발적인 마음을 주십시오. (시 51:5-12)

묵상 주제

1) 지금 당신은 죄책감을 경험하고 있는가? 그 죄책감은 어떤 종류의 죄책감인가?

2) 지금까지 살아오면서 최초로 죄책감을 경험한 때는 언제이며, 어떤 일로 죄책감을 갖게 되었는가?

3) 하나님께서 당신을 용서하셨다고 생각하는가? 하나님의 용서의 범위는 부분과 전체 중 어느 쪽이라고 생각하는가?

5. 방향 감각을 잃어버린 삶

훼손된 삶의 특징은 의미, 가치, 목적을 상실한 것이다. 그 대신 사람들은 삶의 의미와 목적이 될 수 없는 것들에 얽매여 살아간다. 릭 워렌(Rick Warren)은 《목적이 이끄는 삶》(디모데 역간)에서 목적을 상실한 인간의 특성을 다음과 같이 묘사한다.

- 죄의식에 의해 끌려 다닌다. 죄의식에 끌려 다니는 삶은 후회에서 벗어나고 수치심을 감추기 위해 삶 전체를 허비하는 삶이다.
- 원한과 분노의 쓴 뿌리를 씹으며 살아간다. 그들은 상처를 입은 지점에서 벗어나지 못한다. 용서를 통해 고통에서 벗어나는 대신 머릿속에서 고통의 순간들을 계속 되풀이한다.
- 두려움에 이끌려 살아간다. 두려움이란 매우 충격적인 경험, 비현실적인 기대, 그

리고 엄격한 가정환경으로 인해 생길 수도 있고, 또 유전적으로 생길 수도 있다.
- 물질에 이끌려 살아간다. 무언가를 획득하고자 하는 욕구가 삶의 목표가 된다. 항상 더 많은 것을 얻고자 하는 이 욕구는 더 많이 가지면 행복해지고, 더 중요한 사람이 되면 더 안전할 것이라는 잘못된 생각에서 온다.
- 다른 사람의 인정을 받기 위해 살아간다. 그들은 부모나 배우자, 혹은 자식이나 스승, 친구들, 그리고 수많은 다른 사람들의 기대가 그들의 삶을 주관하도록 내버려 둔다.

인간은 근원적으로 '그 자신의 추구'보다 '의미에의 추구'라는 특징을 이루게 된다. 사람이 자신을 잊으면 잊을수록-자기 자신의 대의명분이나 다른 사람에게 열중한다면-그는 보다 '인간' 답게 된다. 그리고 그 자신보다 어떤 것이나 어떤 사람에게 몰두하고 빠져든다면 그는 진실로 '그 자신'이 되어 간다.

그 자신을 잊고 놀이에 열중하고 있는 어린이를 한번 살펴보기로 하자. 이는 스냅 사진을 찍어야 할 순간이기도 하다. 그런데 어린이가 사진을 찍고 있다는 사실을 눈치 채게 될 때까지 당신이 지켜본다면 자연스러운 우아함보다 자연스럽지 못한 자아의식을 보여 주는 어린이의 얼굴 표정은 굳어져 얼어붙게 된다. 대부분의 사람들이 사진을 찍을 때마다 얼굴의 표정이 딱딱하게 굳어지는 것은 무엇 때문일까? 이러한 표정은 나중에 사진을 본 사람에게 남길 인상이 좋았으면 하는 긴 심에서 비롯된 것이다. (빅터 프랭클,《삶의 의미를 찾아서》, 청아 역간, 219쪽)

성서 읽기
예수께서 길을 떠나시는데, 한 사람이 달려와서, 그 앞에 무릎을 꿇고 그에게 물었다. "선하신 선생님, 내가 영원한 생명을 얻으려면, 무엇을 해야 합니까?" 예수께서 그에게 말씀하셨다. "어찌하여 너는 나를 선하다고 하느냐? 하나님 한 분 밖에는 선한 분이 없다. 너는 계명을 알고 있을 것이다. 살인하지 말라, 간음하지 말라, 도둑질하지 말라, 거짓으로 증언하지 말라, 속여서 빼앗지 말라, 네 부모를 공경하여라, 하지 않았느냐?" 그가 예수께 말하였다. "선생님 나는 이 모든 것을 어려서부터 다 지켰습니다." 예수께서 그를 눈여겨보시고 사랑스럽게 여기셨다. 그리고 그에게 말씀하셨다. "너에게는 한 가지 부족한 것이 있다. 가서, 네가 가진 것을 다 팔아서, 가난한 사람들에게 주어라. 그리하면, 네가 하늘에서 부화를 차지하게 될 것이다. 그리고 와서, 나를 따라라." 그러나 그는 이 말씀 때문에 울상을 짓고, 근심하면서 떠나갔다. 그에게는 재산이 많았기 때문이다. (막 10:17-22)

묵상 주제

1) 지금까지 당신의 생의 목적은 무엇이었는가? 그 목적을 달성하였는가?

2) 지금까지 살아오면서 허무와 무의미를 경험한 적이 있었다면 그 이유가 무엇이라고 생각하는가?

3) 만약 당신의 삶의 목적을 수정하려 한다면 어떻게 해야 되겠는가? 부자 청년의 이야기에서 그 해답을 찾아보라.

4 구도의 삶

> 하나님이여 사슴이 시냇물을 찾기에 갈급함 같이 내 영혼이 주를 찾기에
> 갈급하니이다. −시편 42편 1절(개역개정)

    구도의 삶은 영원한 본향을 찾아나서는 순례자의 삶이다. 사람에게는 누구나 영원한 본향에 대한 그리움과 목마름이 있다. 단지 사람에 따라서 그런 갈급함을 느끼며 사느냐 아니냐의 차이가 있을 뿐이다. 이렇듯 사람에게 영원한 본향에 대한 그리움, 목마름이 있다는 것은 본래 머물러야 할 어떤 장소를 떠났다는 것을 의미한다.

    우리가 찾아가야 할 영원한 본향은 과거의 시간에 있지 않고 영원의 시간에 있다. 그곳에는 우리를 기다리는 분이 계신다. 우리는 그곳에 어떻게 가야 하는지 알지 못한다. 그런데 그곳에서 어떤 한 분이 오셨다.

    그분은 우리가 동경하는 곳이 어떤 곳인지, 그리고 그곳에서 누가 우리를 기다리고 계신지 알려 주셨다. 그분은 바로 예수 그리스도시다. 예수님은 이 세상에 기쁜 소식을 갖고 오신 분이다. 그는 우리가 살고 있는 이 삭막한 세상에 영원의 시간에서만 존재하는 신선한 공기를 지니고 오셨다.

예수님은 영원한 본향에 계신 분이 지금 이 세상과 우리를 위해 어떤 계획을 갖고 계신지 알려 주셨다. 예수님이 말씀하신 본향에 계신 분이 갖고 있는 이 세상에 대한 계획은 심판과 저주가 아니라 평강과 희망이었다. 또 예수님은 이 세상에 계실 때, 믿음 · 희망 · 사랑 없이 살던 그 시대 사람들에게 본향에 계신 분이 그들을 위해 새로운 삶을 준비하신다고 알려 주셨다. 그 사실을 깨달은 사람들은 믿음과 희망, 사랑으로 새로운 삶을 시작하게 되었다.

그들은 자신들이 버려진 인간이 아니라 영원한 본향에 계신 분의 희망과 사랑 가운데 있다는 사실을 알게 되었다. 그 기쁜 소식은 그들이 새로운 삶을 시작하게 된 원동력이었다.

1. 삶은 동경이다

'구도의 삶'은 동경하는 곳으로 향하기 위해 현재 머물고 있는 곳을 떠나는 것이다. 사람은 누구나 동경을 갖고 있다. 동경과 희망은 다르다. 동경은 어떤 대상이나 장소를 애틋하게 그리워하는 것이며, 희망은 원하는 바가 장래에 이루어지기를 소망하는 바람이다. 성장 과정에서 생겨난 아름다운 추억이 동경이 될 수도 있고, 태어나면서부터 원초적으로 갖고 태어나는 영원한 것에 대한 동경이 존재하기도 한다. 또 그러한 동경이 사람됨을 결정한다. 사람들에게 현실을 넘어서는 영원한 대상에 대한 동경이 있다는 것은 어떤 실체에 대한 그림자이기도 하다.

동경은 오염되거나 훼손되지 않은, 어떤 삶의 장소에 대한 그리움이다. 그러한 그리움은 사람들의 마음 깊은 곳에 숨겨져 있다. 동경은 인간이 맺어야 할 참된 관계에 대한 그리움이다. 또 동경은 사람이면 누구나 되어 가야 할 자기 자신의 참된 모습이기도 하다. 여하튼 동경은 사람들이 잃어버린 참된 삶에 대한 그리움이다. 그러한 그리움은 지시하는 곳이 있다. 사람들이 생의 방향을 잘못 잡았을 때 그리움은 더욱더 강열해진다. 사람에게 동경이 있다는 것이 얼마나 다행인가? 그것이 있기에 사람은 참된 삶을 향해 나아갈 수 있다.

삶은 '나는 누구이며, 왜 여기에 있으며, 내 삶의 목적이 무엇인가?'라는 물음에 대한 해답을 주며, 우리의 삶에 의미를 주는 어떤 사람이나, 어떤 것을 찾는 여정이다. 나는 우리 모두가 느끼는 이 커다란 욕구가, 삶의 여정에서 우리 자신이 갖는 평범한 목적으로는 만족할 수 없는 동경의 원인이 된다고 믿는다. 비록 그 욕구들이 성취되었다 할지라도 그것들은 우리의 희망과 기대에 턱없이 미치지 못한다.

어떤 대상을 동경한다는 것은 그 대상을 소유할 수 있다는 말이 아니다. 그것은 움켜쥐거나 보관할 수 없고 다만 오고 가는 것처럼 덧없이 흘끗 볼 수 있을 뿐이다. 그것은 단지 간접적으로 언급되거나 암시될 수 있을 뿐이다. 다시 말해, 말로는 표현할 수 없고 느낄 수 있을 뿐이며 우리 모두는 그것이 우리가 찾고 있는 것이라는 사실을 안다.

그 동경은 다른 사람에 대한 우리의 사랑 안에, 일출과 일몰의 장관 속에, 바다 위에 반사되는 달의 은빛 길에, 바닷새의 애절한 울음 속에, 새끼와 짝을 보호하려는 야생동물의 용기에, 산과 시냇물에, 꽃과 숲에, 인간의 기쁨과 웃음, 고통과 슬픔 속에 있다.

동경은 여러 기억과 연관되어 있다. 동경은 마치 도깨비불이 홀리듯 냄새, 소리, 혹은 어떤 장면에서 젊어서 사랑에 빠져 있던 그 순간으로 우리를 데려간다.

동경은 실망이나 슬픔, 후회와 죄책감 가운데서 그 역할을 하기도 한다. 안타깝지만 우리가 추구하는 동경의 실체가 무엇인지 알지 못할 때 우리는 그 동경을 완화해 주거나 대체해 주는 어떤 자극적인 감성을 추구하게 되고, 이런 추구는 우리를 술이나 마약으로 잘못 인도하기도 한다.

이러한 동경은 시인, 화가, 음악가, 그리고 무용가들에 의해 여러 다양한 모습으로 표현될 수 있다. 그리고 그중에는 경이로운 삶과 사랑, 그리고 경배를 나타내는 것들도 있다.

아마도 우리의 모든 삶이 이 열정과 관련되어 있을 것이다. 이렇듯 근원적 존재를 향한 동경과 관련되지 않는 경험은 우리 삶에 존재할 수 없다. 우리에게는 소망이 있다. 그 소망은, 우리 삶의 모든 영역에서 동경의 대상과 정직하게 대면할 때 우리가 찾던 그 무언가에 대한 동경이 궁극적으로 우리를 죽음과 그 너머의 세계로 인도해 준다는 것이다. (Elizabeth Bassett, 'Living is longing,' *The Westminster Collection of Christian Meditations*, 83쪽.)

성서 읽기

예수께서 말씀하셨다. 어떤 사람에게 아들이 둘 있는데 작은 아들이 아버지에게 말하기를 "아버지, 재산 가운데서 내게 돌아올 몫을 내게 주십시오" 하였다. 그래서 아버지는 살림을 두 아들에게 나누어 주었다. 며칠 뒤에 작은 아들은 제 것을 다 챙겨서 먼 지방으로 가서, 거기서 방탕하게 살면서, 그 재산을 낭비하였다. 그가 모든 것을 탕진했을 때에, 그 지방에 크게 흉년이 들어서, 그는 아주 궁핍하게 되었다. 그래서 그는 그 지방의 주민 가운데 한 사람을 찾아가서, 몸을 의탁하였다. 그 사람은 그를 들로 보내서 돼지를 치게 하였다. 그는 돼지가 먹는 쥐엄 열매라도 좀 먹고 배를 채우고 싶은 심정이었으나, 그에게 먹을 것을 주는 사람이 없었다. 그제야 그는 제정신이 들어서, 이렇게 말하였다. "내 아버지의 그 많은 품꾼들에게는 먹을 것이 남아도는데, 나는 여기서 굶어 죽는구나. 내가 일어나 아버지에게 돌아가서, 이렇게 말씀드려야 하겠다. "아버지, 내가 하늘과 아버지 앞에 죄를 지었습니다. 나는 더 이상 아버지의 아들이라고 불릴 자격이 없으니, 나를 품꾼의 하나로 삼아 주십시오." 그는 일어나서, 아버지에게로 갔다. 그가 아직도 먼 거리에 있는데, 그의 아버지가 그를 보고 측은히 여겨서, 달려가 그의 목을 껴안고, 입을 맞추었다. (눅 15:11-20)

묵상 주제

1) 둘째 아들은 아버지와 함께 있으면서도 왜 다른 것을 동경했는가?

2) 고난, 슬픔, 역경이 닥쳐올 때 당신은 무엇을 동경하게 되는가? 그러한 동경이 암시하는 바가 무엇인지 묵상해 보라.

3) 모든 사람이 공통으로 갖고 있는 동경은 무엇인가? 왜 그러한 동경을 갖게 되었다고 생각하는가?

2 하나님은 우리의 본향

영원한 본향에 대한 사람들의 갈망은 그 어떤 것으로도 지워지지 않는 인간됨의 본질이다. 본향에 대한 갈망은 손상된 삶에서도 지워지지 않고 남아 있는데, 손상이 깊을수록 오히려 더욱더 분명하게 나타난다. 이 갈망은 사람들에게 돌아가야 할 곳이 어디인지를 암시해 주는 지표이다. 돌아간다는 것은 과거의 시간으로 돌이키는 것을 의미하지 않는다. 그것은 잃어버린 삶의 중심을 찾는 것을 말한다.

영원한 본향을 찾은 사람들의 공통점은 안식과 평강, 희망을 찾게 된 것이다. 그리고 그들은 자신들의 삶을 새로운 의미와 가치, 목적으로 시작할 수 있게 된다. 더욱이 그들은 이 현실에 살면서도 현실에 안주하지 않고 현실을 초월해 갈 수 있는 삶을 살게 된 것이다.

우리는 그들의 삶에서 진정한 구도자의 삶이 어떤 것인지를 배우고 확인하게 된다. 구도자의 삶은 현실 도피가 아니라, 그 전과는 전연 다른 차원에서 현실을 받아들이는 삶이다.

영원한 본향은 장소라기보다는 참된 교제를 말하는 것이며, 이때 참된 교제의 대상은 하나님이시다. 하나님은 저 멀리 피안의 세계에 계시지 않는다. 그분은 우리 가운데 현존해 계신다. 우리는 단지 그분의 현존을 깨닫지 못하고 살아갈 뿐이다. 둘째 아들 비유가 바로 이 사실을 말해 준다. 둘째 아들은 아버지와 함께 있으면서도, 또 다른 먼 나라를 그리워했다. 그에게는 아버지와의 진정한 교제가 없었다. 우리는 이 비유에서 우리 가운데 현존해 계시는 하나님과의 교제 없이 살아가는 현실적인 그리스도인의 모습을 보게 된다.

둘째 아들은 매우 비참한 상황에서 비로소 새로운 희망을 갖게 된다. 그의 희망은 아버지가 계신 곳으로 돌아갈 수 있다는 사실이었다. 그러한 희망이 그가 절망의 상황을 견뎌 낸 원동력이었다.

우리의 뇌리를 떠나지 않는 거룩함에 대한 동경, 때때로 그것은 거룩함을 갈망하는 사람들에게 계시로 나타난다. 그 동경은 멀리 떨어져 있지 않고 우리 주위에 있다.

들을 수 있고, 귀를 기울여 듣는 방법을 배울 수만 있다면 그것을 만날 수 있다.

그리고 우리 기억 속에 남아 있는 본향에 대한 소식도 같은 방법으로 들려온다. 우리는 바다를 포함해 온 우주의 운동에 기이하게 영향을 미치는 우주 저 너머에 존재하는 어떤 것에 대한 향수를 가졌다. 우리 안에 잠재해 있는 뉘우치고 한탄하는 회한의 감정은 영원한 본향에 대한 향수병이다.

향수병은 때때로 슬픔으로 다가와 우리를 괴롭히는데, 그것은 우리가 잃어버린 것이자 동경하는 고향인 하나님에게서 멀리 떠나 있기 때문이다. 우리들 대부분은 이것을 아주 미약하게 의식하고 있지만, 많은 사람들은 하나님을 발견하게 됨으로 낳게 되는 결과들을 두려워한다. 왜냐하면 프랜시스 톰슨(Francis Thompson)의 말처럼 "하나님을 소유하기 위해서는 그 밖에 아무것도 갖지 않아야 하기 때문이다." 성인들은 하나님을 갈망하는 열렬한 감각을 지니고 있었다. 하나님은 그들에게 영혼의 고향이었으며, 그들이 그리워하는 고향보다 훨씬 더 그들을 압도하는 기쁜 소식이었다.

그것은 바로 그리스도를 의미하며, 그분은 고향(본향)의 소식을 가져오신 분이다. 그리스도는 우리가 살고 있는 유배의 땅에 고향의 정취(情趣)를 전하러 오신 분이다.

세상은 흘러가고 우리는 홀로 버려졌을지라도, 우리들 개개인의 역사를 포함하는 이 세상의 역사는 결국 '우리가 출발한 그 본향을 다시 찾아가는 이야기'라는 사실에 대한 인식과 '고향에 대한 추억'으로 우리는 오늘을 살아갈 수 있다. (Richard Holloway, 'God our home,' *The Westminster Collection of Christian Meditations*, 82쪽.)

성서 읽기

하나님께서 보내신 사람이 있었다. 그 이름은 요한이었다. 그 사람은 그 빛을 증언하러 왔으니, 자기를 통하여 모든 사람을 믿게 하려는 것이었다. 그 사람은 빛이 아니었다. 그는 그 빛을 증언하러 왔을 따름이다. 참 빛이 있었다. 그 빛이 세상에 와서 모든 사람을 비추고 있다. '그 말씀은 참 빛이었으니' 그는 세상에 계셨다. 세상이 그로 말미암아 생겨났는데도, 세상은 그를 알아보지 못하였다. 그가 자기 땅에 오셨으나, 그의 백성은 그를 맞아들이지 않았다. 그러나 그를 맞아들인 사람들, 곧 그 이름을 믿는 사람들에게는, 하나님의 자녀가 되는 특권을 주셨다. 이들은 혈통에서나, 육정에서나, 사람의 뜻에서 나지 아니하고, 하나님에게서 났다. 그 말씀은 육신이 되어 우리 가운데 사셨다. 우리는 그의 영광을 보았다. 그것은 아버지께서 주신, 외아들의 영광이었다. 그는 은혜와 진리가 충만하였다. (요 1:6-14)

묵상 주제

1) 지금까지 살아오면서 어떤 장소에 대한 동경을 느낀 적이 있는가? 만약 있다면 그 장소는 당신에게 어떤 의미였는가? 그것이 지시하는 곳은 어디라고 생각하는가?

2) 예수께서 이 세상에 가져오신 '하나님 나라의 정취'는 어떤 것인가? 그것이 당신의 삶에 어떤 영향을 주고 있는가?

3) 우리의 내면 깊은 곳에 있는 동경이 '실체'에 대한 그림자라 할 때 그 실체는 무엇인가?

그림자가 지시하는 곳으로 당신의 삶은 향하고 있는가?

....
....
....
....

3. 영혼의 창

유럽 여행에서 제일 쉽게 관광할 수 있는 곳이 오래된 성당이나 예배당이다. 그곳을 관광할 때 우리는 가이드에게 섬세한 건축 디자인과 세련된 목공 기술과 공들인 스테인드글라스 예술에 관한 설명만을 듣고 숙소로 돌아올 수도 있고, 그것을 지은 목적에 대해 듣고 그 안에서 하나님께 기도를 드릴 수도 있다.

사람이 태어나 빵만으로 만족하며 살다 죽을 수도 있고, 그렇지 않고 평생 자아만을 추구하며 살아갈 수도 있다. 또 영혼을 추구하며 살 수도 있다. 이러한 삶의 태도는 모두 성당의 건물 구조만을 구경하는 것과 같다. 우리의 삶이 단순한 관광여행과 같이 될 때 그 삶은 우리의 존재 언저리를 맴도는 것과 매한가지다. 이러한 생활은 매우 따분하고 진부한 삶이다.

우리가 진정 추구하고 갈구하는 것은 종교적인 테두리만을 맴도는 진부한 삶이 아니다. 그 이상의 것이다. 우리가 소망하고 바라는 것은 '하나님과의 친밀한 동행'이다. 하나님과의 친밀한 동행은, 우리의 인생 여정이 홀로 가는 길이 아니라 그분과 대화하며 그분이 우리의 삶에 깊이 관여하시는 것을 의미한다.

하나님은 여러 길을 통해 우리에게 다가오시고, 우리 역시 우리 각자의 유일한 길을 통해 하나님께로 다가간다. 예를 들면 성서, 선포되는 말씀, 기도, 예배, 영적 은사, 자연, 그림, 음악, 조각, 영화, 생의 고난, 실패, 역경 같은 것들이다.

그분의 다가옴은 말씀으로 시작된다. 우리의 다가감은 들음으로 시작된다. 그분의 찾음은 자신을 보이심으로 시작되고 우리의 찾음은 봄으로 시작된다. 하나님을 찾은 우리와 우리를 찾으시는 하나님은 일상생활의 창에서 서로 만난다. 그 만남의 곳이 '영혼의 창'(Windows of the Soul)이다.

그 창은 단순한 깨달음의 순간일 때이기도 하고, 판단을 더디 하고 이해를 신속히 해야 하는 순간일 수도 있다. 간혹 그 창은 우리 존재의 가장 깊은 부분에 들려오는 말씀일 수도 있다. 그것은 우리를 잠에서 깨어나 인생의 여정을 준비시키는 말씀, 위기를 알아차리게 하거나, 안식의 장소로 인도하는 말씀일 수도 있다. 그것은 내가 누구이며 지금 왜 여기에 있으며, 인생의 이 여정의 시점에서 우리에게 요구되어지는 것이 무엇인가를 이야기해 주는 말씀일 수도 있다.

그리고 그 창은 하나님에게 소중한 것이 무엇인가를 보게 해 주는 지혜의 안목이기도 하다. 이러한 안목은 세상을 보는 방식으로 모든 대상을 존중하는 마음으로 시작된다. 존중하는 마음은 다시 보는 눈을 통해 전해진다. 눈으로가 아니라 마음으로 보는 것이다. 사건의 이면을 보는 것이다.

예수님은 인생을 그렇게 사셨다. 죽은 아들 때문에 슬퍼하는 나인 성 과부의 눈물 너머로 예수님은 떠나간 남편의 자리를 메우는 데 그 아들이 얼마나 필요한 존재인지 보셨다. 사마리아 여인의 베일 너머로 그분은 실패한 다섯 번의 결혼을 보셨고, 다시 그 너머로 이혼 때마다 점점 깊어간 삶의 공허를 보셨다. 삭개오의 권력과 부 너머로 그분은 키는 작지만 마음에 세상의 어떤 권력과 부로도 채울 수 없는 큰 구멍이 뚫린 한 사람을 보셨다. 나사로의 상처 너머로 그분은 영원히 가치 있는 한 영혼을 보셨다. 부자의 옷 너머로 그분은 누더기를 걸친 한 영혼을 보셨다. (켄 가이어, 《영혼의 창》, 두란노 역간, 20, 12, 21-22쪽.)

성서 읽기

주 우리 하나님, 주님의 이름이 온 땅에서 어찌 그리 위엄이 넘치는지요? 저 하늘 높이까지 주님의 위엄 가득합니다. 어린이와 젖먹이들까지도 그 입술로 주님의 위엄을 찬양합니다. 주님께서는 원수와 복수하는 무리를 꺾으시고, 주님께 맞서는 자들을 막아 낼 튼튼한 요새를 세우셨습니다. 주님께서 손수 만드신 저 큰 하늘과 주님께서 친히 달아 놓으신 저 달과 별들을 내가 봅니다. 사람이 무엇이기에 주님께서 이렇게까지 생각하여 주시며, 사람의 아들이 무엇이기에 주님께서 이렇게까지 돌보아 주십니까? 주님께서는 그를 하나님보다 조금 못하게 하시고, 그에게 존귀하고 영화로운 왕관을 씌워 주셨습니다. 주님께서 손수 지으신 만물을 다스리게 하시고, 모든 것을 그의 발아래에 두셨습니다. 크고 작은 온갖 집짐승과 들짐승까지도, 하늘을 나는 새들과 바다에서 놀고 있는 물고기와 물길 따라 움직이는 모든 것을, 사람이 다스리게 하셨습니다. 주 우리의 하나님, 주님의 이름이 온 땅에서 어찌 그리 위엄이 넘치는지요? (시편 8:1-9)

묵상
주제

1) 영혼의 갈망을 가진 사람들이 하나님을 만날 수 있는 곳은 어디인가? 우리 각자에게 하나님이 찾아오시는 오솔길이 있다. 당신에게도 있다면, 그것은 무엇인가?

....

....

4. 구도의 삶

2) 나와 다른 사람에게 생기는 생의 문제를 당신은 어떤 안목으로 보는가? 예수님이 가지고 계신 생을 보는 안목은 무엇인가?

3) '당신의 삶에서 일어나는 모든 사건에는 영적 메시지가 담겨져 있다'는 뜻은 무엇을 의미하는가? 당신은 거기에 담긴 메시지를 듣고 볼 수 있는가?

4. 진정한 대화

우리의 일상적인 삶에는 의도적이건 의도적이 아니건 간에 많은 만남이 있다. 그러한 만남에서 우리는 많은 대화를 주고받는다. 그런데 대부분의 만남에서는 진정한 대화보다 피상적인 대화가 이루어진다. 그래서 우리는 많은 만남 가운데 살고 있으면서도, 늘 외롭고 답답함을 느낀다. 또한 우리는 살면서 인생의 문제, 종교적 문제 등을 대화 소재로 삼아 열렬히 논쟁을 벌인다. 그러나 그런 대화 속에서도 진정한 만남은 이루어지지 않는다.

구도자의 삶에서 요구되는 제일 중요한 사항이 정직과 신실, 겸손이다. 정직과 신실, 겸손 없는 구도자의 삶은 무의미하다. 구도자의 삶은 다른 사람에게 호감을 사는 데 있지 않고 진리와의 만남에 있다. 진리와의 만남은 정직함과 신실, 겸손함으로 가능하다. 특히 하나님과의 만남에서 겸손하지 못하면 하나님을 만나는 일은 불가능하다. 겸손은 윤리적 덕행이나 사회적 덕행이 아니라 하나의 종교적 자세이다. 겸손은 하나님을 향해 나를 열게 한다.

> 겸손은 자신보다 더 뛰어난 능력이나 지위를 가진 사람에 대하여 그렇지 못한 사람이 가지는 하나의 상대성에서 유발되는 행위가 아니라, 자신의 힘으로는 구원에 이를 수 없음을 경험한 인간이 하나님께 대하여 가지는 기초적이고 근본적인 자세이다. 여기서 겸손은 인간이 가진 제한성을 인식하는 것에 근원을 두고 있다. (《아래로부터의 영성》, 102-103쪽.)

자기 자신이 신앙인이라고 말하는 사람들 가운데도 종교의 주변을 맴돌면서 불필요한 논쟁만을 일삼는 사람들이 있다. 그러한 사람들에게 진정한 삶의 변화는 없다. 삶의 변화를 가져오지 못하는 신앙생활은 무의미하다. 삶의 변화가 없는 겉치레의 신앙생활에는 진정한 나눔이 없다. 거기에는 피상적이며 시니컬한 대화만이 오고 갈 뿐이다. 그러한 삶은 얼마나 우스꽝스러운가?

> 진정한 대화란 단지 종교에 관해 논하는 것을 말하지 않는다. 종교에 대해서 논하는 것은 순전히 재살서리는 것이너 공허한 것이며 자기만족이다. 진정한 대회란 종

교 전문가들이 논하는 비교 종교가 아니다. 종교를 비교하는 것은 종교의 참 의미가 무엇인지 이해하지 못하는 동안에만 흥미로울 뿐이다.

그 속에서 우리는 단지 표면에 놓여 있는 것만 비교할 수 있다. 그러나 진정한 대화는 궁극적이며 개인적인 깊이에서 일어난다. 즉, 그것은 종교에 대해 이야기하는 것이 아니다.

그러면 어떤 것이 진정한 대화인가? 진정한 대화는 쌍방을 자극하며, 사람들이 확립한 철학과 신학의 감옥이라는 안전지대에서 자신을 이끌어 내 실재와 진리를 직면하게 한다. 그 진리는 도서관에 먼지 쌓인 채 남아 있는 진리가 아니라 모든 것을 요구하는 진리이다. 진리는 진정한 대화 속에 있으며, 이러한 진리는 너무 작거나, 무익하게 혹은 부적절하게 느껴지지 않는 것이다.

그리스도인의 가면을 쓰고 세상과 타협하며 살아가는 본질적인 비그리스도인의 상투적 종교성은, 진정한 대화 속에서 일순간에 드러난다. 그리고 비그리스도인은 그의 이웃과 대결해야 하는 사람이 아니고, 이웃과 함께 하나님의 은혜를 구해야만 하는 '회심의 대상자'라는 사실을 우리는 깨닫게 된다.

만약 진지한 대화가 이루어진다면 기독교는 지금의 모습과는 다르게 신실하고 바르게 변할 것이다. 깊이 있는 대화는 자신이 유일한 진리의 수호자라고 생각하는 사람들의 확신을 산산이 부숴 버린다. 진리는 소유하기 위해 추구되어야 한다. 하나님의 나라는 오고 있고, 그 도상(道上)에 있는 자들만이 그곳에 도달할 것이다.

(Klaus Klostermaier, *Hindu and Christian in Vrindaban*, SCM press, 102–103쪽.)

성서 읽기

바리새파 사람들이 하나님의 나라가 언제 오느냐고 물으니, 예수께서 그들에게 대답을 하셨다. "하나님의 나라는 눈으로 볼 수 있는 모습으로 오지 않는다. 또 '보아라, 여기에 있다' 또는 '저기에 있다' 하고 말할 수도 없다. 보아라, 하나님의 나라는 너희 가운데에 있다." (눅 17:20-21)

묵상 주제

1) 진정한 대화란 어떤 것인가? 어떻게 진정한 대화가 가능한가?

2) 진정한 대화와 진정한 만남은 서로 별개인가? 진정한 대화에 필요한 요소는 어떤 것들이 있는가?

3) 지금까지 살아오면서 언제 진정한 대화의 길을 열어 보았는가? 만약 이제껏 그렇지 못했다면 그 이유는 무엇인가?

5. 구도자의 영성

구도자의 삶은 영적 삶의 길을 걸어가는 것이다. 그 길은 세상 사람들이 걸어가는 길과는 다르다. 그 길은 매우 좁은 길이다. 그래서 대부분의 사람들이 그 길을 외면한다. 그러나 그 길은 생명의 길, 영생의 길이다.

일반적으로 인식하는 영적 삶의 길은 높은 이상을 설정하고 거기에 도달하기 위해 엄격한 규칙을 만들어 자기 자신을 그 규정의 틀에 맞추는 것이다. 그러다 보면 자연히 일정한 형식과 틀에 얽매어 영적 자유를 상실한 삶이 될 수 있다. 사람들은 '영적인 완전함에 도달하기 위해서는 엄격한 규칙과 원칙으로 자신을 통제해야 한다'고 믿는다.

그러나 불행히도 우리 자신의 노력만으로는 완전함에 도달할 수 없다. 그러한 노력을 하면 할수록 우리는 우리 자신에게서 더 소외되고 우리의 삶은 분열된다. 완전함에 도달하려는 고상한 생의 목표는 오히려 삶을 더욱 짐스럽게 하고 결국에는 실패로 돌아간다.

기독교 영성에서 완전함에 도달하는 길은 하나님께 도달하는 길인데 이 길은 우리의 노력만으로는 불가능하며 하나님의 은총으로 가능하다. 우리 안에서 하나님이 작용하시도록 하지 않고서 그 완전함에 도달하는 것은 불가능한 것이다.

> 성서는 우리에게 완벽하고 잘못이 전혀 없는 모범적인 신앙인을 제시하지 않고, 큰 잘못을 저질러 무거운 짐을 지고 가면서 저 깊은 내면에서부터 하나님의 구원을 부르짖는 사람을 제시하고 있다. (《이 페로부디의 영성》, 19쪽.)

자기 자신에게 의원이 필요하다는 사실을 인식할 때, 깊은 내면에서 하나님의 구원을 부르짖게 된다. 자신에게 의원이 필요함을 인식하는 것은 자신이 누구임을 아는 것이다. 사람들은 자기가 누구라는 사실을 모르고 산다. 그러므로 자신에게 의원이 필요하다고 느끼지 못한다. 사람들은 자신에 대한 허상을 갖고 있다.

영성의 역사 안에 존재해 온 여러 경향들은 두 가지로 정리된다. 하나는 위로부터의 영성이고, 다른 하나는 아래로부터의 영성이다.

아래로부터의 영성은 하나님께서 성서 안에서 그리고 교회를 통해서만 우리에게 말씀하시는 것이 아니라 우리 자신을 통해, 우리의 생각과 느낌들, 우리의 육체와 이상들, 우리의 상처와 나약함들을 통해서도 말씀하시는 것을 의미한다.

아래로부터의 영성은 무엇보다 먼저 수도자들의 삶 안에서 실천되었다. 초기 교회의 수도자들은 자신들이 지닌 고통들에 대하여 묵상하고 묵묵히 지고 나가는 과정에서 그 고통들을 통하여 하나님을 올바르게 깊이 인식하고 그분께 나아갈 수 있다는 사실을 깨달았다.

위로부터의 영성은 우리 스스로 이미 주지하는 바와 같이 이상적인 것이다. 이 영성은 명백한 목표들을 가지고 있고, 그 목표들에서 시작한다. 그리고 이 영성은 사람들이 자기훈련과 기도를 통해서 이 목표점들에 도달해야 한다고 강조한다. (위의 책, 7-8쪽.)

성서 읽기

바울이 아레오바고 법정 가운데 서서, 이렇게 말하였다. "아테네 시민 여러분, 내가 보기에, 여러분은 모든 면에서 종교심이 많습니다. 내가 다니면서, 여러분이 예배하는 대상들을 살펴보는 가운데, '알지 못하는 신에게'라고 새긴 제단도 보았습니다. 그러므로 나는 여러분이 알지 못하고 예배하는 그 대상을 여러분에게 알려 드리겠습니다. 우주와 그 안에 있는 모든 것을 창조하신 하나님께서는 하늘과 땅의 주님이시므로, 사람의 손으로 지은 신전에 거하지 않으십니다. 또 하나님께서는, 무슨 부족한 것이라도 있어서 사람의 손으로 섬김을 받으시는 것이 아닙니다. 그분은 모든 사람에게 생명과 호흡과 모든 것을 주시는 분이십니다. 그분은 인류의 모든 족속을 한 혈통으로 만드셔서, 온 땅 위에 살게 하셨으며, 그들이 살

시기와 거주할 지역의 경계를 정해 놓으셨습니다. 이렇게 하신 것은, 사람으로 하여금 하나님을 찾게 하시려는 것입니다. 사람이 하나님을 더듬어 찾기만 하면, 만날 수 있을 것입니다. 사실, 하나님은 우리 각 사람에게서 멀리 떨어져 계시지 않습니다. (행 17:22-27)

묵상 주제

1) 지금까지 기독교 역사에 나타난 영성의 두 가지 경향은 어떤 것들인가? 그것을 요약해 보라.

2) 우리는 하나님께 도달하기 위해 어떤 길을 선택해야 하는가?

3) 영성이 더 깊어지기 위해 당신이 지금까지 선택해서 실천해 오는 길은 어떤 것이며, 그 결과는 어떠한가?

5 하나님에 대한 묵상

> 하나님이 다시 모세에게 말씀하셨다. "너는 이스라엘 자손에게 이르기를
> '여호와, 너희 조상의 하나님, 곧 아브라함의 하나님, 이삭의 하나님, 야곱의 하나님이
> 나를 너희에게 보내셨다' 하여라. 이것이 영원한 나의 이름이며, 이것이 바로
> 너희가 대대로 기억할 나의 이름이다. —출애굽기 3장 15절

　어린 시절 내 마음에 새겨진 하나님은 깊은 산 속에 은거하는 할아버지와 같은 분이었다. 그는 흰 두루마기에 흰 고무신을 신고 흰 수염을 길게 늘어뜨린 자비로운 할아버지였다. 그러한 하나님상은 필요한 것이 있으면 언제든지 가서 떼쓸 수 있는 대상이 된다는 점에서 어느 정도 마음에 안정을 주었다. 소년기의 하나님상은 천당과 지옥을 연상하면서 이루어진 상이었다. 그 시절의 하나님은 나쁜 짓을 하면 유황불이 활활 타오르는 뜨거운 가마솥에 나를 던지는 하나님, 좋은 일을 하면 좋은 것으로 상을 주시는 분이었다. 이렇듯 내 생애에서 하나님상은 나의 영성 형성 과정에 따라 다르게 변화되어 왔다. 지금 나의 하나님상은 만물을 새롭게 하시는 창조주 하나님, 구속의 하나님, 우리 가운데 현존하시며 우리의 삶에 깊이 관여하시는 하나님이시다. 이 하나님은 내 삶의 전부이며 삶의 의미와 목적은 이 하나님과 깊이 연관되어 있다.

　심리학자 칼 융은 오늘날 유럽 교회가 쇠퇴해 가는 가장 주요한 원인이 하나님 경험과 괸

련되어 있음을 지적했다. 그는 오늘의 유럽 교회가 교회를 찾아오는 사람들에게 도그마(Dogma)는 소개해 주지만 그 도그마 뒤에 있는 살아 있는 실체는 만나게 해 주지 못한다고 말했다. 신앙에는 도그마보다 우주의 궁극적인 실체에 대한 경험이 먼저 있었는데, 오늘날의 유럽 교회는 교리보다 먼저인 그 실체를 만나게 해 주지 못한다는 것이다.

1. 우리가 신뢰할 수 있는 분

하나님이 우리에게 신뢰할 수 있는 분이 되신다는 데에는 다음과 같은 몇 가지 주요한 뜻이 포함된다.

- 하나님은 창조주이시다.
- 하나님은 역사의 주이시다.
- 하나님은 우리가 목마르게 사모하는 우리의 영원한 임이시다.
- 하나님은 우리가 항상 동경하는 영원한 본향이시다.
- 하나님은 영원한 생명이시다.
- 하나님은 우리 삶의 의미와 목적, 그 자체이시다.
- 하나님은 만물을 새롭게 하시는 구속주이시다.
- 하나님은 처음이시며, 마지막이시다.

우리가 길을 잃었을 때 우리에게 가장 필요한 것은 우리를 안전한 곳까지 인도해 줄 수 있는 지표이다. 하나님은 우리의 인생 여정에서 우리가 믿고 신뢰할 수 있는 유일한 분이다. 그분은 우리를 영원한 생명으로 인도하신다.

> 하나님께서는 인간에게 당신을 신뢰하기를 요구하십니다. 이 신뢰의 행위는 창조주께 대한 인간의 참되고 진실된 순종이며 겸손과 사랑의 행위입니다. 하나님을 믿는 것, 전능하신 그분을 신뢰하는 것, 그분의 무한한 부성(父性)의 바다를 통해 앎에 대한 우리의 갈증을 채우는 것, 도저히 알 수 없는 그분의 계획을 받아들이는 것, 그분의 말씀을 알아듣기 위해 공부하는 것, 기다릴 줄 아는 것, 이 모든 것은 인간이 이 지상에서 해야 하는 합당한 예배행위입니다. (카를로 카레토, 《보이지 않는 춤》, 성바오로 역간, 122쪽.)

현실을 넘어선 어디엔가 거룩한 분이 존재한다. 우리에게 거룩한 분에 대한 목마름이 있다는 사실 자체가 충분히 그것을 증명한다. 그렇다면 그분은 어디에 계신가? 우리가 살고 있는 이 세상에는 너무나 속된 것들로 가득 차 있으며, 우리 자신의 안과 밖에도 속된 것들이 가득하다. 우리가 진정 기쁨으로 묵상할 수 있는 거룩한 분은 어디에 계신가? 그분이 계시다면 그는 어디에 계신가? 만약 계시다면 잠시 잠깐만이라도, 섬광처럼 순간적으로 그의 빛을 볼 수 있을 것이다. 비록 그것이 우리에게 죽음을 가져온다 할지라도 말이다. 섬광과 같이 번득이는 순간의 빛에서 우리의 영혼은 맑은 공기의 호흡을 하게 되고, 그 순수한 빛을 지닌 섬광, 바로 천상의 선율로 우리 영혼의 목마름은 해갈될 것이다. 그때 천상의 음악은 "거룩, 거룩, 거룩하신 만군의 주 하나님, 전에도 계셨고, 이제도 계시고, 장차 오실 분"이다.

이 세상이 속된 것으로 가득 차 있을지라도 거룩한 분은 존재한다. 그분은 점도 없고 티도 없고 부족함도 없으신 분이다. 이 세상에 그분을 신뢰할 믿힌 것이 하나도 없을지라도 그분은 우리가 신뢰할 수 있는 분이다.

우리가 그 어떤 것으로 만족할 수 없다 할지라도, 진정 만족함으로 바라볼 수 있고, 우리의 더럽혀진 영혼을 맑은 샘물로 씻을 수 있는 분이 계신다. 그분은 누구인가? 그분은 과거와 현재, 미래의 모든 것의 근원이신 사랑의 하나님이시다. (Charles Kingsley, *Daily Thoughts*, Macmillan & Co, 73쪽.)

성서 읽기

여호와는 나의 목자시니 내게 부족함이 없으리로다 그가 나를 푸른 풀밭에 누이시며 쉴 만한 물 가로 인도하시는도다 내 영혼을 소생시키시고 자기 이름을 위하여 의의 길로 인도하시는도다 내가 사망의 음침한 골짜기로 다닐지라도 해를 두려워하지 않을 것은 주께서 나와 함께 하심이라 주의 지팡이와 막대기가 나를 안위하시나이다 주께서 내 원수의 목전에서 내게 상을 차려 주시고 기름을 내 머리에 부으셨으니 내 잔이 넘치나이다 내 평생에 선하심과 인자하심이 반드시 나를 따르리니 내가 여호와의 집에 영원히 살리로다(시편 23:1-6, 개역개정).

묵상 주제

1) 하나님이 우리에게 신뢰할 수 있는 분이 되신다는 것은 무엇을 의미하는가?

....
....
....
....

2) 시편을 기록한 시인은, 어떤 면에서 하나님이 그가 신뢰할 수 있는 선한 목자가 되신다

고 말하는가?

....
....
....
....

3) 당신에게 하나님은 어떤 면에서 신뢰할 수 있는 분인가? 구체적으로 기록해 보라.

....
....
....
....

2 하나님은 사랑이시다

하나님은 사랑이시다.

우리가 하나님을 보았다고 했을 때 그것은 하나님을 경험했다는 말과 같다. 하나님을 경험한다는 것은 하나님의 사랑을 체험했다는 뜻이다. 하나님은 사랑이시다. 그의 사랑은 인간의 사랑과 같지 않다. 그의 사랑은 인간의 사랑과 다르다. 그의 사랑은 어떤 조건이 붙는 사랑이 아니다.

훼손된 삶의 특징 중 하나가 사랑할 수 있는 능력을 상실한 것이다. 사랑의 상실은 우리의 삶을 더욱 외롭게 하고, 무의미와 허무로 고통받게 한다. 많은 이들이 삶에서 사랑에 목말라 방황하고 있다.

> 참된 사랑은 진귀한 것입니다. 참된 믿음보다 진귀합니다. 인간이 지상에서 할 수 있는 것 가운데 최상의 것입니다. 가장 어려운 것입니다. 인간이 사랑할 때면 하나님과 같습니다. 그러나 하나님의 일을 하기가 어렵기 때문에 사랑하기가 어렵습니다. 애덕이라는 사랑의 빛은 하나님께로부터 출발하여 우리에게 도달합니다. 그 빛은 우리에게 이르러 우리 안에서 우리의 선물을 촉구합니다. 그러나 우리 육신의 어리석음을 통과해야 합니다. 거기서 변형되어 나옵니다. 이기주의, 탐욕, 자만심에 의해 변형됩니다. 우리 안에 들어왔을 때는 올바른 지향을 가졌는데, 나갈 때는 그만……이기주의, 탐욕, 자만심에 의해 오염된 행동으로 변형된다고 말할 자신이 있습니다. (《보이지 않는 춤》, 122쪽.)

내가 처음부터 말해 온 대로 우리가 하나님을 사랑할 수 있도록 동기를 부여하시는 분은 하나님이시다. 나는 진실을 말한다. 그는 우리가 지닌 사랑의 근본이시며 궁극적인 목적이시다. 그는 사랑할 수 있는 능력을 주시고, 사랑하고자 하는 열정을 심어 주신다. 그는 그 자신이 본질적으로 사랑이시며, 그 자신이 우리의 사랑의 대상이 되신다. 그는, 그에 대한 우리의 사랑이 허무하고 무익한 것이 되지 않고 축복이 되게 하신다.

그의 사랑은 우리의 길을 열고 우리 사랑의 보상이 된다. 그는 우리가 그를 사랑할 수 있는 길로 인도하시며, 우리가 그에게 드리는 사랑을 순수하게 되돌려 주시며, 그를 기다리는 자들에게 친절하시며, 그를 찾는 이들에게 부요한 분이시다.

그는 그 자신 외에 아무것도 주지 않으신다. 그는 우리를 의롭게 하시기 위해 그 자신을 주신다. 그리고 우리에게 가장 큰 보상으로 그 자신을 주신다. 그는 우리 영혼의 소생함을 위해 그 자신을 내어놓으신다. 그리고 갇힌 자에게 자유를 주시기 위해 그 자신을 주신다.

그렇다면 자신을 발견한 영혼에게 그는 어떤 분이신가? 그는 자신을 찾은 영혼에게 당신 자신을 주시는 선하신 분이다. 놀라운 사실은 하나님을 추구하는 사람은 이미 그 과정에서 자기 자신을 발견하게 된다는 것이다. 그는 우리가 찾을 때 발견되는 분이며, 우리가 발견할 수 있도록 그를 찾게 하시는 분이다.

우리는 그분을 찾고 그분을 발견할 수 있다. 그러나 전에는 결코 그분과 함께 있지 않았다. 우리가 그분의 영으로 태어나고 그분의 숨결로 따뜻해지지 않으면, '일찍이 나의 기도가 그분 앞에 있었다'고 말해도 차갑고 사랑이 없는 기도일 뿐이다. (Bernard of Clairvaux, 'Loving God,' *The Westminster Collection of Christian Meditations*, 110쪽.)

성서 읽기

우리는 서로 사랑할지니 이는 너희가 처음부터 들은 소식이라 가인 같이 하지 말라 그는 악한 자에게 속하여 그 아우를 죽였으니 어떤 이유로 죽였느냐 자기의 행위는 악하고 그의 아우의 행위는 의로움이라 형제들아 세상이 너희를 미워하여도 이상히 여기지 말라 우리는 형제를 사랑함으로 사망에서 옮겨 생명으로 들어간 줄을 알거니와 사랑하지 아니하는 자는 사망에 머물러 있느니라 그 형제를 미워하는 자마다 살인하는 자니 살인하는 자마다 영생이 그 속에 거하지 아니하는 것을 너희가 아는 바라 그가 우리를 위하여 목숨을 버리셨으니 우리가 이로써 사랑을 알고 우리도 형제들을 위하여 목숨을 버리는 것이 마땅하니라 누가 이 세상의 재물을 가지고 형제의 궁핍함을 보고도 도와줄 마음을 닫으면 하나님의 사랑이 어찌 그 속에 거하겠느냐 자녀들아 우리가 말과 혀로만 사랑하지 말고 행함과 진실함으로 하자 (요일 3:11-18, 개역개정).

묵상 주제

1) 우리가 하나님을 경험한다고 말할 때, 그때의 체험은 무엇을 의미하는가? '훼손된 삶'과 '회복된 삶'의 큰 차이점은 어디에 있는가?

   ....
   ....
   ....
   ....

2) 사도 요한은 사랑하지 않는 사람은 어떤 상태에 있다고 했는가? 하나님의 사랑이 가장 분명하게 나타난 사건은 무엇인가?

   ....
   ....
   ....
   ....

3) 하나님의 사랑을 체험해 본 적이 있는가? 있었다면 그때의 느낌이 어떠했는가? 하나님을 알기 원할 때 당신이 할 수 있는 일은 무엇이라고 생각하는가?

   ....
   ....
   ....
   ....

3. 하나님은 우리의 어머니시다 우리가 하나님의 자녀로 태어나게 되는 것도 하나님의 은혜로 되며, 하나님의 자녀로 성장하는 것도 하나님의 은혜 가운데서 이루어진다. 하나님의 은혜는 우리를 용서하시고, 우리를 받아주시고, 우리를 치유하시고, 우리의 상실을 보상해 주신다. 하나님의 모성적인 사랑이 우리를 하나님의 성숙한 자녀로 양육해 가신다. 우리는 하나님의 사랑의 양육 안에서 영적으로 자라나게 된다.

교회에서는 하나님을 아버지로만 강조한다. 그러나 하나님의 사랑은 모성적인 특성이 있다. 모성애의 특징은 자신을 내어줌, 희생, 돌봄, 양육이다. 하나님께서는 예수 그리스도를 통해서 모성적 사랑을 보여 주셨다.

학교 교목으로 재직하고 있을 때, 어느 날 나는 중학교 학생들에게 그들이 생각하고 있는 하나님을 그림으로 그려 보라고 했다. 그때 학생들의 그림에 나타난 하나님은 대부분 우리나라의 옛날이야기에 나옴직한 신령이나, 점잖은 신사, 마음씨 좋은 할아버지와 같은 모습이었다. 나는 내심 어머니가 어린아이를 안고 젖을 먹이는 사랑스러운 모습의 그림을 기대했지만 그러한 그림을 그린 학생은 없었다.

우리가 마음에 품고 있는 하나님의 표상과 우리 영혼의 안식과 평강의 문제는 매우 밀접한 관계가 있다. 우리의 영혼이 깊이 안식할 수 있는 품은 바로 모성과 같은 하나님의 품이다. 그 품 안에는 안식과 평강이 있으며, 그러한 하나님의 마음은 모든 사람을 향해 열려 있다.

> 하나님은 영혼을 양육하고 돌보는 분임에 틀림없다. 그는 우리를 그의 보살핌에 전적으로 예속하신 후 따뜻한 품에 안고 좋은 우유와 연한 이유식으로 양육하며 돌보는, 사랑 가득한 어머니와 같은 분이다.
> 어머니는 아이가 성장할수록 그의 전적인 돌봄을 삼가고, 부드러운 사랑을 숨긴다. 어머니는 아이의 달콤한 가슴에 쓴 알로에를 바른다. 그리고 아이를 팔에서 내려놓

고, 아이 스스로 걸음마를 하게 한다. 그래서 자라날수록 어릴 적 의존하는 습관을 떨쳐 버리게 한다. 그리고 더 크고 중요한 일에 익숙해지도록 이끈다.

하나님의 은혜는 그의 보살핌 안에서 사랑하는 어머니와 동일하게 작용한다. 자신의 의로 얻은 것이 아닌 이 은혜는, 행복하고 즐거운 우유를 맛보게 하고, 영적훈련에서 강렬한 만족을 경험케 하는 원인이 된다. 왜냐하면 하나님은 그 은혜로서 우리의 영혼에 유약한 아이였을 때와 마찬가지로 그의 부드러운 사랑의 가슴을 건네주시기 때문이다. (John of the Cross, 'God our mother,' *The Westminster Collection of Christian Meditations*, 118쪽.)

성서 읽기

이스라엘이 어린 아이일 때에, 내가 그를 사랑하여 내 아들을 이집트에서 불러냈다. 그러나 내가 부르면 부를수록, 이스라엘은 나에게서 멀리 떠나갔다. 짐승을 잡아서 바알 우상들에게 희생제물로 바치며, 온갖 신상들에게 향을 피워서 바쳤지만, 나는 에브라임에게 걸음마를 가르쳐 주었고, 내 품에 안아서 길렀다. 죽을 고비에서 그들을 살려 주었으나, 그들은 그것을 깨닫지 못하였다. 나는 인정의 끈과 사랑의 띠로 그들을 묶어서 업고 다녔으며, 그들의 목에서 멍에를 벗기고 가슴을 헤쳐 젖을 물렸다. (호 11:1-4)

묵상
주제

1) 하나님의 사랑을 모성적인 사랑이라고 할 때, 구체적으로 어떤 면에서 그러한가?

2) 호세아서에 나타난 이스라엘 백성에 대한 하나님의 사랑에서 모성적인 사랑을 찾을 수 있는가? 있다면 어떤 점이 그러한가?

3) 지금까지 살아오면서 하나님의 모성적인 사랑을 느껴 본 적이 있는가? 만약 있었다면 언제, 어떤 상황에서 그 사랑을 경험했는가?

4. 하나님은 우리의 아버지시다

이 세상에 태어나는 사람 누구에게나 '하나님은 나의 아버지'라고 고백하는 그 순간은, 그의 생애에 새로운 변화가 시작되는 때이다. 하나님께서 나의 아버지가 되신다는 사실을 깨닫고 하나님을 향해 아버지라고 부를 때 그는 이미 아버지의 품 안에 안겨 있게 된다. 그 순간에 그는 모든 생의 방황을 끝내고, 삶의 염려와 죽음의 공포에서 해방된다.

하나님이 나의 아버지라는 사실이 우리에게 왜 그렇게 중요한 사건이 되는가? 이 사실에 대해 우리는 깊이 생각하지 않고 살아간다. 그러나 잠시 마음을 고요하게 하고 하나님이 우리의 아버지 되심에 대해 묵상하면, 그 해답이 희미하게나마 떠오른다. 하나님께서 나의 아버지가 된다는 것은 우리가 잃어버린 삶의 중심을 찾는 순간이며, 마음 깊은 곳에서 동경해 왔던 우리의 본향으로 들어가 나의 사랑하는 '임'을 만나는 시간이다.

그렇다. 하나님이 나의 아버지이실진대 나는 마음을 편히 갖고 평안히 살 수 있다. 살든 죽든, 이승이든 영원이든 속 편하다. 나의 안도감은 얼마나 든든한 것인가? 하나님이 나의 아버지이실진대 내 나름대로 자부심을 갖고, 그 어른에게서 내 본래의 품위를 찾게 된다. (카를로 카레토, 《아버지 나를 당신께 맡기나이다》, 바오로딸 역간, 24-25쪽.)

어느 누구나 하나님을 아버지라 부를 수 있는 것은 아니다. 하나님을 아버지라고 부르는 사람은 이미 하나님께 발견된 사람이며, 하나님을 발견한 사람이다. 그리고 그는 성령으로 감동된 사람이다(갈 4:6).

하나님은 나의 아버지이시다.
이 짧막한 구절은 인간이 바라는 가장 중대한 쎄인이며 인생의 신비에 넌셔지는 모든 물음의 답변이다. 지구라는 이 조그마한 혹성에 등장한 생명의 신비에 대한 답변이다. 이 예언은 온 우주 위를 맴돌고 모든 물음에 답변을 주며 온갖 갈증을 풀어 주며 모든 소망을 채우고 인간의 온갖 기다림을 정당화시키고 모호한 세계를 똑똑히 밝혀 보인다. 인간이 무엇인지 가르친다.
이 예언을 믿는 자는 광명 중에 있고 믿지 않는 자는 어둠 속에 있다. 이 예언에 희망을 거는 자는 기쁨 중에 있고, 희망을 두지 않는 자는 근심 속에 있다. 예언을 사랑하는 자는 생명 중에 있고, 사랑치 않는 자는 죽음의 그늘에 묻혀 있다. 인간의 생명이 하나님의 영원한 생명에 흘러들어가지 못할진대 이승의 인간의 생명이 무슨 의미를 지닐 수 있으랴? 인간의 운명이 허무로 돌아가는 것일진대 만물의 영장이라는 칭호가 있으랴? 생명의 논리가 죽음으로 결론지어진다면? 빛의 기쁨이 영원한 어둠의 장벽 속으로 갇힌다면? '사랑'의 불꽃이 영겁의 빙판 속에 사그라진다면? 과연 그렇게 될 수 있을까?

아니다! 가난한 인생의 마음이 늘 꿈꾸는 바가 있다. "하나님은 하나님의 기뻐하시는 뜻을 따라 예수 그리스도를 통하여 우리를 하나님의 자녀로 삼으시기로 예정하신 것입니다"(엡 1:5)라는 분명한 말씀대로 하나님이 아버지이심을 알리는 예언에는 우리를 살리는 힘이 있고 기다리게 하는 용기가 깃들어 있다. 하늘 아래 모든 인생이, 시간을 타고 오는 모든 인생이…….

그렇다. 인간은 지상에 출연하면서부터 이미 자녀가 되기로 '부름 받은' 몸이었다. 자기 내심으로부터 그 부르심을 느껴왔으면 그것을 망각하는 일이 별로 없었다. 인간은 '타고난 그리스도인'이라고 한 테르툴리아노의 말은 일리가 있다. 그리스도의 메시지를 받아들이게, 그 내용을 알아듣게 생겨난 인간이다. 그리스도의 메시지란 요컨대, '하나님은 나의 아버지시다. 사람아, 하나님은 그대의 아버지시다'라는 것이다. (위의 책, 22-23쪽.)

성서 읽기

그러므로 내가 너희에게 이르노니 목숨을 위하여 무엇을 먹을까 무엇을 마실까 몸을 위하여 무엇을 입을까 염려하지 말라 목숨이 음식보다 중하지 아니하며 몸이 의복보다 중하지 아니하냐 공중의 새를 보라 심지도 않고 거두지도 않고 창고에 모아들이지도 아니하되 너희 하늘 아버지께서 기르시나니 너희는 이것들보다 귀하지 아니하냐 너희 중에 누가 염려함으로 그 키를 한 자라도 더할 수 있겠느냐 또 너희가 어찌 의복을 위하여 염려하느냐 들의 백합화가 어떻게 자라는가 생각하여 보라 수고도 아니하고 길쌈도 아니하느니라 그러나 내가 너희에게 말하노니 솔로몬의 모든 영광으로도 입은 것이 이 꽃 하나만 같지 못하였느니라 오늘 있다가 내일 아궁이에 던져지는 들풀도 하나님이 이렇게 입히시거든 하물며 너희일까 보냐 믿음이 작은 자들아 그러므로 염려하여 이르기를 무엇을 먹을까 무엇을 마실까 무엇을 입을까 하지 말라 이는 다 이방인들이 구하는 것이라 너희 하늘 아버지께서 이 모든 것이 너희에게 있어야 할 줄을 아시느니라 그런즉 너희는 먼저 그의 나라와 그의 의를 구하라 그리하면 이 모든 것을 너희에게 더하시리라 그러므로 내일 일을 위하여 염려하지 말라 내일 일은 내일이 염려할 것이요 한 날의 괴로움은 그 날로 족하니라 (마 6:25-34, 개역개정).

묵상 주제

1) 하나님께서 우리의 아버지가 되신다는 것은 우리의 삶에 어떤 영향을 주는가? 하나님 아버지의 부성적 특성으로는 어떤 것이 있는가?

2) 예수님께서 산상수훈에서 말씀하신 하나님 아버지는 어떤 분이신가? 그분은 우리 삶의 문제에 어떤 관심을 갖고 계시는가?

3) 지금까지 하나님을 당신의 아버지로 모시고 살았는가? 만약 그렇다면 지금 당신의 문제를 갖고 하나님께 나아가 해답을 얻어 보라.

5. 오시는 하나님

하나님은 오시는 분이다. 오신다는 것은 그분이 과거의 시간 속에 계시지 않고 영원의 시간에 계신다는 뜻이다. 하나님은 과거의 어느 한 시점에서 오시는 것이 아니다. 그분은 영원의 시간에서 오신다. 이것이 하나님의 존재 방식이다.

현실을 살아가는 그리스도인들은 오시는 하나님에 대한 희망을 갖고 산다. 그리스도인이 기다리는 미래의 희망은 오시는 하나님에게 있다. 하나님의 오심 가운데서 인간의 삶의 변화가 일어나게 되며, 참 인간됨의 길이 열린다. 오시는 하나님의 시간 속에 우리가 목말라 찾고 있는 새로운 삶이 있다. 그리고 새 하늘과 새 땅이 있다. 그래서 우리는 언제나 오시는 하나님을 기다리며 맞이하게 된다.

"아브라함과 이삭과 야곱의 하나님"은 역사의 하나님이시다. 그들은 과거의 회상과 기다리는 미래와 함께 하나님을 경험했다. 그들에게는 지나간 과거와 다가오는 미래가 있었지만 하나님께는 과거와 미래가 따로 없고 오직 영원뿐이다. 그들은 하나님의 영원 가운데서 과거를 회상하게 되었고, 동시에 그들의 미래를 기다리게 되었다. 영원 가운데서 오시는 하나님에게 이스라엘 족장들의 미래, 즉 그들의 새로운 역사가 담겨 있었다.

그들은 오시는 하나님 안에서 새로운 생의 모험을 시작하게 되었다. 오시는 하나님에게는 언제나 희망의 삶이 있다. 오시는 하나님에게는 한숨, 눈물, 질병, 죽음이 모두 삼킨 바가 된다. 오직 그분 안에만 새 것이 있고, 새 역사가 있다.

희망의 하나님은 오시는 하나님이시다(사 35:4, 40:5). 하나님이 그의 영광과 함께 오실 때, 그는 우주를 그의 영광으로 가득 채울 것이며 모든 사람이 그를 볼 것이며 그는 죽음을 영원히 삼켜 버릴 것이다. 이 미래는 역사에 있어 하나님의 존재방식이다. 미래의 힘은 시간에 있어서 그의 힘이다.

그의 영원은 무시간적 동시성이 아니라, 모든 역사적 시간에 대한 그의 미래의 힘이다. 따라서 하나님 자신만이 '오시는 분'으로 경험될 뿐 아니라 그의 오심(Parusie)을 중재하며 그의 오심에 대하여 인간을 준비시키시는 희망의 담지자들도 메시아, 사람의 아들, 지혜라는 칭호를 얻는다. 오시는 하나님은 메시아와 사람의 아들에 대한 다양한 기다림보다 더 오래된다. 이들은 오시는 하나님에 대한 희망으로 산다. 기다려지는 미래는 오시는 하나님에 대한 희망으로 말미암아 시간의 경험 속에서 현재나 과거보다 말할 수 없이 더 큰 가치를 갖는다. 영원의 관점에서 모든 시간은 동일한 의미를 갖지 않는다. 시간은 그 자신의 아이들을 삼켜버리는 크로노스(Chronos)와 같이 허무성의 힘으로 경험되지도 않는다. 하나님의 존재가 오심 가운데 있다면, 향하여 오심(Zukunft)이 초월의 신학적 패러다임이 될 수밖에 없다.

하나님의 향하여-오심 속으로 새로운 인간됨이 가능하게 된다. "일어나서 빛을 비추어라. 구원의 빛이 너에게 비치었으며, 주님의 영광이 아침 해처럼 너의 위에 떠올랐다(사 60:1)."

가까이 오고 있는 하나님 나라에 대한 선포는 이 미래에 대한 인간의 전향(회개)을 가능하게 만든다. "회개하여라. 하늘나라가 가까이 왔다(마 4:17)."

하나님 나라의 도래와 인간의 회개의 통일성이 '성취된 시간(막 1:15)'이다. 요한일서도 인간적인 됨을 신적 오심과 결합시킨다. "앞으로 우리가 어떻게 될지는 아직 밝혀지지 않았습니다만, 그리스도께서 나타나시면 우리도 그와 같이 될 것임을 압니다(요일 3:2)."

여기서 뜻하는 것은 재림의 그리스도이다. 오시는 하나님의 종말론은 인간의 새로운 됨의 역사를 생성시킨다. 그것은 지나감(Vergehen)이 없는 됨이요, 하나님의 오심은 현재 속에 머무는 존재로의 됨이다. (위르겐 몰트만, 《오시는 하나님》, 대한기독교서회 역간, 60-61쪽.)

성서 읽기

그러므로 우리가 낙심하지 아니하노니 우리의 겉사람은 낡아지나 우리의 속사람은 날로 새로워지도다 우리가 잠시 받는 환난의 경한 것이 지극히 크고 영원한 영광의 중한 것을 우리에게 이루게 함이니 우리가 주목하는 것은 보이는 것이 아니요 보이지 않는 것이니 보이는 것은 잠깐이요 보이지 않는 것은 영원함이라 만일 땅에 있는 우리의 장막집이 무너지면 하나님께서 지으신 집 곧 손으로 지은 것이 아니요 하늘에 있는 영원한 집이 우리에게 있는 줄 아느니라 참으로 우리가 여기 있어 탄식하며 하늘로부터 오는 우리 처소로 덧입기를 간절히 사모하노라 이렇게 입음은 우리가 벗은 자들로 발견되지 않으려 함이라 참으로 이 장막에 있는 우리가 짐진 것같이 탄식하는 것은 벗고자 함이 아니요 오히려 덧입고자 함이니 죽을 것이 생명에 삼킨 바 되게 하려 함이라 곧 이것을 우리에게 이루게 하시고 보증으로

성령을 우리에게 주신 이는 하나님이시니라 (고후 4:16-5:5, 개역개정)

묵상
주제

1) '오시는 하나님에게는 과거와 미래의 시간이 없다'는 말은 무슨 뜻인가? 하나님은 어디에서 오시는가?

....
....
....

2) 사도 바울은 '우리는 하늘로부터 오는 우리의 집을 덧입기 갈망하면서, 이 장막집에서 탄식하고 있다'고 했다. 여기서 덧입는다는 것은 구체적으로 무엇을 뜻하는가?

....
....
....

3) 당신의 미래가 오시는 하나님에게 있다는 말은 무엇을 뜻하는가? 오시는 하나님에게 있는 미래란 어떤 것인가?

....
....
....

6 새로운 삶으로 다시 태어남

누구든지 그리스도 안에 있으면, 그는 새로운 피조물입니다.
옛것은 지나갔습니다. 보십시오, 새것이 되었습니다. －고린도후서 5장 17절

'영성'이란 말 그리고 '영적'이란 단어는 특별한 삶의 형식들을 생각하게 한다. 즉, 이러한 말들은 우리에게 독신으로 가난하게 사는 수녀와 수도사와 같은 금욕적 삶을 연상케 한다. 이와 같은 생각은 우리의 삶을 통합하는 대신, 삶을 영과 육으로 분리한다. 그러나 기독교 영성은 삶을 영과 육으로 분리하지 않고, 오히려 새로운 의미와 가치에서 받아들이고 긍정하게 하며, 자기 자신을 잃어버리지 않으면서 자기를 초월하게 한다.

위르겐 몰트만은 "'영성'이란 말은 글자 그대로 하나님의 영 안에 있는 삶과 하나님의 영과의 살아 있는 교제"를 뜻하며 이것은 "성령 안에 있는 새로운 삶을 의미한다"고 말했다. 그러면 성령 안에 있는 새로운 삶이란 무엇을 의미하는가? 이것을 직접적으로 말하기보다는 인간의 훼손된 삶에 관해 말하는 것이 좋겠다. 위르겐 몰트만은 훼손된 삶에 대해 "하나님을 저버린 인간으로서 자기의 삶의 원천을 잃어버렸고, 삶에 대한 계명을 거역하여 행동하며, 삶 대신에 죽음을 발견한다. 그리고 살아 계신 하나님을 버리고 피조된 것들을 신뢰한

다. 그들은 하나님을 신뢰하는 대신 하나님 아닌 것을 신뢰하며 이것을 우상으로 만든다. 그들의 사랑은 하나님 아닌 것을 지향하며, 이것을 과도하게 요구하며, 그것의 유한하고 허무한 아름다움을 파괴하며, 이리하여 사랑하는 인간 자신이 멸망하고 만다"라고 말하고 있다.

1. 다시 태어나는 삶

종교 개혁의 중심 개념은 오직 믿음으로 말미암아 그리스도 안에 있는 하나님의 은혜를 통하여 일어나는 죄인의 '칭의'(Rechtfertigung)였다. 이에 비하여 근대 경건주의와 부흥 운동들의 중심 개념은 성령으로 말미암은 타락한 인간의 하나님의 자녀로서 '다시 태어남'(Wiedergeburt)이다. (《생명의 영》, 197쪽.)

기독교 신앙에서 칭의와 다시 태어남은 새로운 삶으로 태어남을 의미하며 이것은 성령을 통해 일어난다. 몰트만은 우리가 경험할 수 있는 성령의 사역은 두 가지라고 말했다. 즉, 하나님의 은혜로 말미암은 하나님 없는 자의 칭의와 하나님의 미래에 대한 상속권을 얻게 됨으로 말미암은 삶이 있는 "희망에로의 다시 태어남"이다.

다시 태어남은 성령의 경험에 근거하며, 하나님 없는 자의 칭의와 영원한 삶에 대한 상속권을 얻게 되는 것보다 앞선다. '다시 태어남'의 순간은 영원과 시간이 만나는 순간이다. 새롭게 태어나며 참 삶을 얻는 신자들의 자기 경험은 이 차원들을 언제나 분명히 의식해야 할 것이다.

칭의는 나에게 선언된다. 그러나 다시 태어남을 나는 내 자신의 출생과 마찬가지로 확실하게 경험한다. 칭의는 나로 하여금 하나님과 새로운 관계를 가지게 하며, 다시 태어남은 나의 내적 실체를 변화시키고, 나에게 새로운 삶의 씨앗을 주며, 내 안에 새로운 나를 세우며, 삶에 대한 나의 태도와 나의 삶의 현실을 갱신시킨다. 칭의는 하나님께서 인간에게 행하는 것을 말한다. 다시 태어남은 그 다음 인간 안에서 일어나는 것을 말한다. (위의 책, 200, 201, 202쪽.)

저녁에 나는 알더스게이트(Aldersgate)에 있는 한 모임에 내키지 않는 마음으로 갔다. 그곳에서는 어떤 사람이 루터의 로마서 서문을 읽고 있었다. 그때 시간이 대략 8시 15분경이었다. 그가 로마서를 읽은 후 그리스도를 믿는 믿음으로 하나님께서 자신의 마음에 역사하신 변화를 설명하는 동안, 나는 이상하게 가슴이 뜨거워지는 것을 느꼈다. 그 순간 나는 오직 그리스도만이 나를 구원할 수 있다는 사실을 신뢰하고 있음을 알게 되었다. 그리고 나에게 한 가지 확신이 생겼다. 그것은 그리스도가 나의 죄를, 심지어 나 같은 자의 죄를 없이 하고 나를 죄와 죽음의 법에서 건졌다는 사실이다.

그때 나는 나에게 악의적으로 대했던 사람들과 나를 핍박했던 사람들을 위해 기도하기 시작했다. 그리고 나서 나는 그곳에 있는 모든 사람들에게 이제 막 가슴으로 느꼈던 것을 공개적으로 증언했다. 그러나 오래지 않아 유혹자는 '이것은 믿음일 수 없다. 너의 기쁨이 어디에 있는가'라고 나에게 넌지시 속삭였다.

그 당시 나는 죄를 극복한 평화와 승리는 구원의 주님을 절대적으로 신뢰하는 데서 기인된다는 것을 배웠다. 그러나 그것은 대개 믿음생활의 초기 단계에서 수반되는 것으로서 특별히 깊이 애통하는 사람들에게 하나님께서 때때로 주시는 것이며, 또 그 자신의 의도에 따라 때때로 보류하기도 하신다.

나는 집으로 돌아온 후 많은 유혹과 수없이 싸웠다. 그 유혹들은 내가 소리치면 물러갔다. 그러나 그것들은 거듭해서 몰려왔다. 내가 자주 나의 눈을 높이 들 때 하나님은 그가 계시는 거룩한 곳에서 나에게 도움을 보내 주셨다. 그리고 나는 나의 현재와, 죄 가운데서 살던 나의 과거 사이에 상당한 차이가 있음을 발견했다. 나는 하나님의 은혜 안에서 뿐만 아니라 율법 아래서도 투쟁했다. 때때로 나는 정복당하기도 하고 패하기도 했다.

25일 화요일이었다. 내가 잠에서 깨어나는 순간 주 예수께서 나의 가슴에, 나의 입에 계셨다. 그리고 나는 내 눈이 그분에게 고정되어 있고, 나의 영혼이 그분을 끊임없이 기다리고 있음을 알았다. (John Wesley, 'I felt my heart strangely warmed,' *The Westminster Collection of Christian Meditations*, 204쪽.)

성서 읽기

바리새파 사람 가운데 니고데모라는 사람이 있었다. 그는 유대 사람의 한 지도자였다. 이 사람이 밤에 예수께 와서 말하였다. "랍비님, 우리는, 선생님이 하나님께로부터 오신 분임을 압니다. 하나님께서 함께하지 않으시면, 선생님께서 행하시는 그런 표징들을, 아무도 행할 수 없습니다." 예수께서 그에게 말씀하셨다. "내가 진정으로 진정으로 너에게 말한다. 누구든지 다시 나지 않으면, 하나님 나라를 볼 수 없다." 니고데모가 예수께 말하였다. "사람이 늙었는데, 그가 어떻게 태어날 수 있겠습니까? 어머니 뱃속에 다시 들어갔다가 태어날 수야 없지 않습니까?" 예수께서 대답하셨다. "내가 진정으로 진정으로 너에게 말한다. 누구든지 물과 성령으로 나지 아니하면, 하나님 나라에 들어갈 수 없다. 육에서 난 것은 육이요, 영에서 난 것은 영이다. 너희가 다시 태어나야 한다고 내가 말한 것을, 너는 이상히 여기지 말아라. 바람은 불고 싶은 대로 분다. 너는 그 소리는 듣지만, 어디에서 와서 어디로 가는지는 모른다. 성령으로 태어난 사람은 다 이와 같다."(요 3:1-8)

1) '하나님께 의롭다 함을 입었다'는 것과, '성령으로 다시 태어났다'는 사실의 차이점과 공통점은 무엇인가?

2) 요한 웨슬리는 어떻게 다시 태어남을 경험했는가? 다시 태어남을 경험한 후 그는 완전한 사람으로 살아갈 수 있었는가? 다시 태어나기 전과 후의 차이점은 무엇인가?

3) 밤에 예수님을 찾아온 니고데모의 고민은 무엇이었는가? 그는 그 시대 종교 지도자로서 어떤 문제를 해결하지 못하고 살아왔는가? 예수님이 그에게 제시한 해답은 무엇인가?

2 다시 태어난 삶은
   무엇으로 사는가?

다시 태어난 사람은 하나님 자녀의 신분과 그의 나라의 상속자로 다시 태어나기 때문에 하나님께 오는 것으로 산다. 새로운 삶으로 다시 태어남은 지금 현재에 완결된 것이 아니다. 이것은 성령에 의해 시작되고 성취되어 가고 완결되어야 할 삶이다. 그렇기 때문에 여기에는 기다려지는 현실과 현존하는 현실이 있다. 기다려지는 현실은 하나님의 희망 가운데 있는 삶이며, 현존하는 현실은 성령에 의해 현실에서 성취되어지고 있는 삶이다.

만물을 새롭게 하시는 창조주 하나님의 영이신 성령은 우리 가운데 현존하시며, 새로 태어난 삶이 현존하는 현실이 되게 하시며 아울러 그 삶을 기다려지는 희망의 삶으로 받아들이게 한다. 다시 말해 성령의 능력 안에서 경험하는 하나님의 용서, 사랑, 치유, 보상은 현실에서 이루어지는 사건이면서, 아울러 하나님의 희망 가운데 있는 약속의 삶이기도 하다.

성령 가운데 다시 태어남은 하나님의 자비로부터 오기 때문에, 그것은 하나님의 성실하심 속에 존속하며 신자들을 결코 떠나지 않는다. 개혁교회 신학자들은 심리학적으로 생각하기보다 신학적으로 생각하였다.

1. 아버지 하나님은 신실하다. 그는 자기 자신을 부인할 수 없다(딤후 2:13). 그가 선택한 자를 그는 버리지 않는다.
2. 아들 하나님은 '너희의 믿음을 잃지 않도록(눅 22:32)' 자기의 무리들을 위하여 기도한다.
3. 새로운 삶의 속전과 시작으로서 성령은 '완성에 이르기까지' 그의 무리들 가운데 머문다. 성령은 구원의 날을 향해 하나님의 자녀들을 '봉인한다'.

이 세 가지 확정은 신자들의 굳센 믿음에 대한 분석판단이 아니라, 삼위일체 하나님의 신실하심과 그의 충실하심에 대한 종합판단이다.

'살아 있는 희망에로의 다시 태어남'은 미래의 새로운 세계의 영원한 삶만이 성취할 수 있는 희망의 충만함을 포괄한다. 성령의 경험에 있어서 이 종말론적 충만함을 이해하는 것은 중요한 일이다. 이 종말론적 충만함은, 성령으로 말미암은 다시 태어남이 이 삶에 있어서 우리가 뒤돌아볼 수 있고 신뢰할 수 있는 완결된 경험으로 결코 되지 않게 한다. 성령 안에 있는 새로운 삶을 희망이 그 속에서 성취되어야 할 새 창조와 비교할 때, 그것은 여기서 시작으로 존속한다. 그러나 현존하는 것은 이로서 있는 그대로 존속하는 것이 아니라 철저히 변화된다. '살아 있는 희망'과 함께 인간은 사랑과 고통, 삶과 죽음을 단지 다르게 경험할 뿐 아니라, 다른 경험들, 다시 말하여 그리스도의 뒤따름 속에서 일어나는 경험들을 가진다. ……기다림은 앞을 향하여 나아가고, 경험은 그 뒤를 따른다. 그것들은 개인의 삶과 공동체와 창조 안에 있는 하나님의 흔적처럼 뒤따라간다. (《생명의 영》, 212-213·207쪽.)

성서 읽기

그러므로 하나님께서 주시는 안식에 들어가리라는 약속이 아직 남아 있는 동안에, 여러분 가운데서 거기에 미치지 못하는 사람이 아무도 없도록, 두려운 마음으로 조심하십시오. 그들이나 우리나 기쁜 소식을 들은 것은 마찬가지입니다. 그런데 들은 그 말씀이 그들에게는 아무런 유익이 되지 못하였습니다. 그들은 그 말씀을 듣고서도, 그것을 믿음과 결합시키지 않았기 때문입니다. 그러나 그 말씀을 믿은 우리는 안식에 들어갈 것입니다. 그것은, "내가 진노하여 맹세한 것과 같이, 그들은 결코 내 안식에 들어오지 못할 것이다" 하고 말씀하신 그대로입니다. 사실상 하나님께서 세상을 창조하시고 모든 일을 끝마치셨으므로, 그때부터 안식이 있어 온 것입니다. 일곱째 날에 관해서는 어딘가에서 "하나님께서 일곱째 되는 날에는 그 모든 일을 마치고 쉬셨다" 하였고, 또 이곳에서는 다시 "그들은 결코 내 안식에 들어오시 못할 것이다" 하셨습니다. 그러므로 어떤 사람들에게는 안식에 들어갈 기회가 아직 남아 있습니다. 그런데 기쁜 소식을 먼저 들은 사람들이 순종하지 않았으므로, 들어갈 수 없었습니다. 그렇지만 하나님께서는 다시 '오늘'이라는 어떤 날을 정하시고, 이미 인용한 말씀대로, 오랜 뒤에 다윗을 통하여 "오늘 너희가 그의 음성을 듣거든 너희 마음을 완고하게 하지 말아라" 하고 말씀하셨습니다. (히 4:1-7)

묵상 주제

1) '새로운 삶으로 다시 태어남'은 구체적으로 무엇을 의미하는가? 그리고 어떤 신분의 사람으로 다시 태어남을 의미하는가?

2) 다시 태어난 삶에 두드러지게 나타나는 현상들로는 어떤 것이 있는가? 다시 태어난 삶에서는 무엇으로 살게 되는가?

3) 당신의 생애에서 다시 태어남은 언제, 어떤 경로로 이루어졌는가? 그러한 사건이 있은 후 삶에 어떤 변화가 있었는가?

3. 새로 태어난 삶과 자기 경험

새로 태어난 삶은 성령으로 이루어지기 때문에 체험이 수반된다. 성령은 우리가 체험할 수 있는 물질이 아니다. 성령은 하나님의 영, 그리스도의 영이기 때문에 하나님을 알게 하신다. 여기서 안다는 것은 체험이 수반되는 앎이다.

이 경험들은 인간의 삶이 다양한 것처럼 너무도 다양하다. 다른 사람이 가진 신앙의 상태를 측정하기 위하여 특수한 내적 경험들이 다시 태어남에 대한 기준이 되는 것도 불가능한 일이다. (《생명의 영》, 209쪽.)

위르겐 몰트만은 다시 태어남을 다음과 같이 말한다. "성령으로 이루어지는 다시 태어남의 첫째 경험으로서 우리는 말할 수 없는 '기쁨'의 경험을 들 수 있다. 부활의 영이 경험될 때, 인간은 숨을 쉬게 되고, 일어서며, 머리를 들고 살며, 똑바로 걸어간다. 부활절 찬송가들이 표현하는 바와 같이, 말할 수 없는 기쁨이 그를 사로잡는다. 폭력과 죄책, 실수와 상처, 드디어 죽음의 그늘에서 새로 태어난 삶은 엄청난 '삶의 긍정'이다. 고통과 실망들로 '장례식의 영(들)'이 되어 버린 우리의 삶의 영은 새롭게 깨어난다. 우리는 성령 가운데서 경험하는 하나님의 사랑과 함께 삶을 다시 사랑하기 시작한다."

기쁨은 우리의 불안한 마음속에서 일어나는 성령의 다른 한 가지 경험이다. 즉, 그것은 그리스도 안에서 하나님과 함께 가지는 기쁨이다. 하나님의 사랑이 성령을 통하여 우리의 마음속에 부어지기 때문이다(롬 5:1, 5).

하나님과의 평화의 이 경험들, 그리고 삶으로 다시 태어남 속에서 체험되는 부활절의 기쁨의 경험들을 우리는 '성령의 경험들'이라 부른다. ……즉, 이 경험들은 그 속에 하나님 자신이 현존하기 때문에 측량할 수 없는 깊이를 가지고 있으며, 우리는 우리 마음의 내재 속에서 '초월적 깊이'를 발견한다. (《생명의영》, 209, 211쪽.)

회심은 마음을 변화시키고, 죽은 영혼에 새로운 생명을 불어넣는 위대하고 영광스러운 하나님 능력의 역사이다. 그러한 현상은 하나님의 은혜로 이루어지는데, 어떤 사람의 경우에는 다른 사람들보다 점진적으로 드러난다. 점진적으로 나타나는 것이 하나님의 은혜로 이루어지는 회심임에도 불구하고 그것을 회심이라고 생각하는 사람이 많지 않다. 그러나 영혼에 대한 하나님의 역사는 매우 신비스럽다.
회심 후 사람들은 종종 자신이 새로이 인식하게 되는 종교적 경험을 이야기한다. 즉, 설교는 새로운 것으로 전에 결코 들어본 적이 없는 것이며 성경은 새로운 책이며 거기에서 새로운 장들, 새로운 시들, 새로운 역사들을 발견한다. 그 이유는 그들이 새로운 빛 가운데서 그것들을 보기 때문이다.
많은 사람들이 그들의 마음이 하나님과 그리스도의 사랑에 이끌리고 있음을 말한다. 나는 매우 진지한 태도로 방종한 것들과 결별하는 사람들을 만났고, 그들과 대화했다. 그들은 자신들로서는 온전히 표현할 수 없는 방식으로 하나님의 완전한 영광과, 그리스도 안에 있는 하나님 은혜의 놀라움과, 그들 자신의 무가치성에 대해 이야기했다. 많은 사람들이 자신의 마음이 영적인 기쁨으로 충만해 있는 동안 먹는 것을 잊고 있었다. 육체적인 식욕은 감소했지만, 그들의 마음은 다른 사람들이 알지 못하는 양식으로 기뻐했다. 그들 가운데 어떤 사람이 향유하는 빛과 평온함은 그들의 일상적인 삶에 새로운 맛을 주었고, 그들 주위에 있는 모든 것들이 아름답고 감미롭고 즐거운 것으로 보이는 원인이 되었다. 넓게는 태양, 달과 별, 구름과 하늘, 우주와 지구, 이 모든 것이 그들에게 거룩한 영광과 아름다운 배역처럼 보이는 것이다. (Jonathan Edwards, 'God's mysterious ways,' *The Westminster Collection of Christian Meditations*, 209쪽.)

성서 읽기

내가 또 말합니다. 여러분은 성령께서 인도하여 주시는 대로 살아가십시오. 그러면 육체의 욕망을 채우려 하지 않을 것입니다. 육체의 욕망은 성령을 거스르고, 성령이 바라시는 것은 육체를 거스릅니다. 이 둘이 서로 적대관계에 있으므로, 여러분은 자기가 원하는 일을 할 수 없게 됩니다. 그런데 여러분이, 성령의 인도하심을 따라 살아가면, 율법 아래에 있는 것이 아닙니다. 육체의 행실은 환히 드러난 것들입니다. 곧 음행과 더러움과 방탕과 우상숭배와 마술과 원수맺음과 다툼과 시기와 분냄과 분쟁과 분열과 파당과 질투와 술취함과 흥청망청 먹고 마시는 놀음과, 그와 같은 것들입니다. 내가 전에도 여러분에게 경고하였지만, 이제 또다시 경고합니다. 이런 짓을 하는 사람들은 하나님의 나라를 상속받지 못할 것입니다. 그러나 성령의 열매는 사랑과 기쁨과 화평과 인내와 친절과 선함과 신실과 온유와 절제입니다. 이런 것들을 막을 법이 없습니다. 그리스도 예수께 속한 사람은 정욕과 욕망과 함께 자기의 육체를 십자가에 못박았습니다. 우리가 성령으로 삶을 얻었으니, 우리는 성령이 인도해 주심을 따라 살아갑시다. 우리는 잘난 체하거나 서로 노엽게 하거나 질투하거나 하지 않도록 합시다. (갈 5:16-26)

묵상 주제

1) 새로 태어난 삶에서 체험하는 것들은 주로 어떤 경험인가? 이러한 경험들은 어떻게 가능한가?

2) 갈라디아서에 나타난 성령의 열매를 적어 보라. 그리고 그러한 열매들 가운데 당신의 삶에서 실제로 경험되고 나타나는 것들을 기록해 보라.

3) 신앙 체험이 신자의 삶에서 왜 중요하고 생각하는가? 그러한 체험들이 주는 긍정적인 면을 적어 보라.

4. 거룩한 삶

하나님께서는 자기를 위해 자기 소유로 삼고 자기 존재에 참여케 하기 위해 사람을 택하시고 그들을 새로 태어나게 하신다. 다시 태어나는 삶은 새로운 삶의 인격적 시작이기 때문에, 성령에 의해 그의 삶에 영적 진화 과정이 계속 일어나게 된다. 그러한 변화의 과정이 거룩하게 되는 과정이다. 새로 태어나는 삶이 거룩하게 되어 가지 않으면 새로 태어난 삶으로서의 인격적 형체를 갖추지 못하게 된다.

모든 태어나는 생명은 자라나고자 한다. 한 인간의 생명이 태어나면, 우리는 그의 생일을 말한다. 삶이 시작하며, 감각 기관들이 깨어난다. 아이는 눈을 뜨며 빛을 본다. 그는 숨쉬기 시작하며 공기를 느낀다. 그는 소리 지르며 소리를 듣는다. 어머니의 품에 안겨 피부의 따뜻함을 느낀다.

하나님의 영원한 영으로 말미암아 '다시 태어나거나' '새로 태어난다'고 말하는 삶도 자라나고자 하며 자기의 형체를 얻고자 한다. 우리 감각 기관들도 다시 태어난다. 깨어난 오성의 눈들은 하나님 인식으로, 그리스도의 얼굴에 있는 하나님의 명료함이 인식으로 자란다. ……뛰는 심장은 하나님의 사랑을 경험하며 하나님의 사랑을 통하여 삶의 사랑으로 뜨거워지며 근원으로부터 생동하게 된다. 하나님의 영의 경험은 공기를 숨쉬는 것과 같다.

다시 태어남은 하나님의 미래에 대한 희망 속에 있는 새로운 삶의 인격적 시작을 뜻한다. 그리스도에 대한 인식이 그리스도와의 사귐으로 인도하지만, 성령 안에 있는 삶은 결코 그리스도에 대한 단순한 인식과 인정으로 끝나지 않는다. 성령 안에 있는 삶은 그리스도의 반향(Resonanz)으로 새로운 삶의 서곡이라 말할 수 있다.

하나님이 창조하였고 사랑하는 것이 거룩하다면, 삶 자체는 이미 거룩하며 사랑과 기쁨을 가지고 산다는 것은 그것을 거룩히게 한다(성화한다)는 것을 의미한다. 우리는 우리의 삶으로부터 만드는 것을 통하여 비로소 삶을 성화하는 것이 아니라, 이미 우리의 현존 자체를 통하여 성화한다. "나는 네가 존재하며 네가 여기 있다는 것을 기뻐한다"고 사랑은 말한다. 사랑은 사람의 인격을 보지 그의 업적을 보지 않는다. 그러므로 삶의 성화는 삶의 종교적-도덕적 조종(Manipulation)을 뜻하지 않고 오히려 자유롭게 되고 의롭게 되며 사랑받고 긍정되고 더욱더 생동하게 되는 것을 뜻한다. 하나님의 영 가운데서의 삶은 성령의 인도하심과 이끄심에 맡겨지는 삶, 성령을 오게 하는 삶을 말한다. 이와 관련하여 성서에 나타나는 상들을 고찰하기로 하자. 성서의 상들은 즐겨 '나무와 열매들'에 대하여 말한다. "성령의 열매는 사랑, 기쁨, 평화, 인내, 친절, 선행, 진실, 온유, 절제입니다." 이 열매들은 '음행, 추행, 방탕, 우상 숭배, 마술, 원수 맺는 것, 싸움, 시기, 분노, 이기심, 분열, 당파심' 등 '육의 일들'과 대립된다(갈 5:22, 19). 이 상이 바르다면, 육의 일들은 '만들어지는' 반면, 성령의 열매는 '자란다'고 말할 수 있다. 우리는 성령의 열매를 만들 수 없다. 우리는 그것을 우리 안에서 자라게 할 수 있다. (《생명의 영》, 219, 205-206, 240쪽.)

성서 읽기

내가 또 말합니다. 여러분은 성령께서 인도하여 주시는 대로 살아가십시오. 그러면 육체의 욕망을 채우려 하지 않을 것입니다. 육체의 욕망은 성령을 거스르고, 성령이 바라시는 것은 육체를 거스릅니다. 이 둘이 서로 저대관계에 있으므로, 여러분은 자기가 원하는 일을 할 수 없게 됩니다. 그런데 여러분이, 성령의 인도하심을 따라 살아가면, 율법 아래에 있는 것이 아닙니다. 육체의 행실은 환히 드러난 것들입니다. 곧 음행과 더러움과 방탕과 우상숭배와 마술과 원수맺음과 다툼과 시기와 분냄과 분쟁과 분열과 파당과 질투와 술취함과 흥청망청 먹고 마시는 놀음과, 그와 같은 것들입니다. 내가 전에도 여러분에게 경고하였지만, 이제 또다시 경고합니다. 이런 짓을 하는 사람들은 하나님의 나라를 상속받지 못할 것입니다. 그러나 성령의 열매는 사랑과 기쁨과 화평과 인내와 친절과 선함과 신실과 온유와 절제입니다. 이런 것들을 막을 법이 없습니다. 그리스도 예수께 속한 사람은 정욕과 욕망과 함께 자기의 육체를 십자가에 못박았습니다. 우리가 성령으로 삶을 얻었으니, 우리는 성령이 인도해 주심을 따라 살아갑시다. 우리는 잘난 체하거나 서로 노엽게 하거나 질투하거나 하지 않도록 합시다. (갈 5:16-26)

묵상 주제

1) 신자가 거룩하게 되는 것과 영적으로 성장하는 것은 서로 어떤 연관이 있는가?

2) 삶이 거룩하게 되는 것은 구체적으로 어떻게 변화되는 것을 의미하는가?

3) 사도 바울은 성령의 열매와 육의 일들을 구별 짓고 있는데 성령의 열매와 육의 일들의 근본적인 차이점은 무엇인가?

5. **새로 태어난 삶과 영적 은사들** '세상에 태어난 삶'들은 구체적이며 보편적이 아니다. 마찬가지로 '새로 태어난 삶'도 구체적이며 보편적이 아니다. 그리고 다양하다. 그러한 다양성에는 종족, 생의 계절, 은사가 포함된다. 새로 태어난 삶에서 은사를 지니지 않은 삶은 없다.

이러한 다양한 삶을 바울은 소명과 관련지어 설명한다. 바울은 "각 사람은 주님께서 나누어 주신 분수(은총의 선물)에 따라서, 하나님께서 부르신 처지 그대로 살아가야 한다"고 말했다(고전 7:7). 여기서 소명과 은사는 같은 부류에 속하며 서로 교환할 수 있는 의미이다. 그리스도인들이 받은 은사가 모두 드러나 실현되지 않았을지라도 그리스도인 각자는 은사자들이라고 말할 수 있다. 또한 그리스도인 각자가 받은 은사들은 소명을 위한 것이다.

> 왜냐하면 사람들을 부르시는 하나님은 그들이 있는 그곳에서, 그들의 존재 그대로를 받아들이기 때문이다. 하나님은 인간을 구체적으로 남자와 여자로, 유대인과 이방인으로, 가난한 사람과 부유한 사람으로 받아들이며, 그들의 온 삶을 세계를 변화시키는 하나님 나라를 섬기도록 세운다.
> 우리가 성령의 은사들에 관하여 질문할 때, 우리는 우리가 소유하고 있는 것을 찾을 수 없다. 오히려 우리는 하나님을 만날 때 우리가 '누구'이고 '무엇'이며 우리가 어떻게 있는가를 먼저 인식해야 한다. 모든 신자들에게 공동으로 그리고 똑같이 주어지는 것은 성령의 은사이다.
> 바울의 카리스마론에 의하면, 그리스도의 공동체의 원칙은 오직 다양성 안에 있는 통일성이지, 획일성이 아니다. 비로소 다양성이 생동하며 살 수 있는 통일성을 가능케 한다. '같은 자와 같은 자가 즐겨 짝을 짓는다면', 같은 자는 자기와 같은 자에 대하여 완전히 무관심하게 되며 서로를 불필요한 것으로 만들 것이기 때문이다.

'다른 사람들을' 그들의 다름과 특수성 가운데 있는 그대로 '받아들이는 것'은 그리스도 공동체에 있어서 구성적 요소이다.

개인적으로 상이한 카리스마들의 자유가 인정될 때만 카리스마들은 삶과 그의 해방을 위하여 봉사할 수 있다. 생각과 말과 사역에 있어서 모든 제한과 획일성은 공동체를 황폐화시키며 다른 사람들을 싫증나게 만든다. 다양성 안에 있는 통일성만이 이 획일적 사회 속에서 공동체를 '초대하는 교회'와 '치료하는 공동체'로 만든다.

삶은 다양하며 삶의 새 창조는 더욱 다양하다. 이것을 견딜 수 없는 사람은 죽음을 택하며 다양한 것을 배제함으로써 이미 여기에서 경직된다. (《생명의 영》, 244-245, 249쪽.)

성서 읽기

형제자매 여러분, 신령한 은사들에 대하여 여러분이 모르고 지내기를 나는 바라지 않습니다. 알다시피 여러분이 이방 사람일 때에는, 여러분은, 이리저리 끄는 대로, 말 못하는 우상에게로 끌려 다녔습니다. 그러므로 나는 여러분에게 알려드립니다. 하나님의 영으로 말하는 사람은 아무도 "예수는 저주를 받아라" 하고 말할 수 없고, 또 성령을 힘입지 않고서는 아무도 "예수는 주님이시다" 하고 말할 수 없습니다. 은사는 여러 가지지만, 그것을 주시는 분은 같은 성령이십니다. 섬기는 일은 여러 가지지만, 섬김을 받으시는 분은 같은 주님이십니다. 일의 성과는 여러 가지지만, 모든 사람에게서 모든 일을 하시는 분은 같은 하나님이십니다. 각 사람에게 성령을 나타내 주시는 것은 공동 이익을 위한 것입니다. 어떤 사람에게는 성령을 통하여 지혜의 말씀을 주시고, 어떤 사람에게는 같은 성령을 따라 지식의 말씀을 주십니다. 어떤 사람에게는 같은 성령으로 믿음을 주시고, 어떤 사람에게는 같은 성령으로 병 고치는 은사를 주십니다. 어떤 사람에게는 기적을 행하는 능력을 주시고, 어떤 사람에게는 예언하는 은사를 주시고, 어떤 사람에게는 영을 분별하는 은사를 주십니다. 어떤 사람에게는 여러 가지 방언을 말하는 은사를 주시고, 어떤 사람에게는 그 방언을 통역하는 은사를 주십니다. 이 모든 일은 한 분이신 같은 성령이 하시며, 그는 원하시는 대로 각 사람에게 은사를 나누어 주십니다. (고전 12:1-11)

묵상 주제

1) 하나님의 부르심과 은사는 서로 어떤 연관을 가지고 있는가? 은사는 은사 그 자체를 위한 것인가, 아니면 부르심을 위한 것인가?

2) 바울이 제시한 은사의 종목을 각각 열거해 보라. 그리고 그 은사들이 주님의 몸을 세워 가는데 구체적으로 어떤 역할을 하는지 말해 보라.

3) 당신이 하나님께 받은 은사는 무엇이며, 지금까지 그것을 어떻게 사용해 오고 있는가? 그러한 은사 활용이 자신에게 기쁨이 되고 있는가? 그렇지 못하다면 그 원인은 무엇인가?

7 새로 태어난 삶과 신비적 경험

그 말씀은 육신이 되어 우리 가운데 사셨다. 우리는 그의 영광을 보았다. 그것은
아버지께서 주신, 외아들의 영광이었다. 그는 은혜와 진리가 충만하였다. —요한복음 1장 14절

세상을 창조하시고 우리에게 삶을 선물로 주신 하나님은 훼손된 삶 가운데 현존해 계신다. 훼손된 삶은 인간 편에서는 절망적이지만 다른 한편으로 거기에는 희망의 무지개, 즉 하나님께서 훼손된 삶을 포기하지 않으시고 그 삶 한가운데로 찾아오셨다는 기쁜 소식이 있다. 그리고 그 기쁜 소식은 주님의 십자가와 부활 사건이다. 하나님께서는 그 사건을 통해서 '인간의 훼손된 삶을 어떻게 새롭게 해 가실지'를 우리에게 보여 주셨다.

우리 가운데 현존하시는 하나님은 우리를 기다리고 계신다. 그는 우리와 교제하기 원하신다. 그리고 우리와의 교제를 통해 우리를 치유하시고 우리를 바르게 세우기 원하신다. 우리는 그와의 교제를 통해서만 새로운 삶을 시작할 수 있다.

하나님과의 교제에서 우리는 그에게 속한 참된 자녀의 모습을 회복하게 된다. 교제의 길에는 여러 가지가 있다. 그러한 교제의 길을 우리는 배우고 익혀야 한다. 그 길은 쉽지만은 않으며, 영적훈련을 통해서 가능하다.

현존하시는 하나님은 우리에게는 숨어 계시는 분으로 존재하신다. 숨어 계신 그분은 우리가 그분을 찾아 나서게 하시며, 동시에 그분 자신이 우리에게 발견되도록 자신을 드러내신다. 그분을 발견한 사람은 그분에게 발견된 사람이다. 그분에게 발견된 사람은 그분 앞에 무릎을 꿇게 되며 그분을 찬양하게 된다. 그리고 그분에게 자기 자신을 드리게 된다.

1. 숨어 계시는 하나님

하나님께서 숨어 계신다는 것은 누구나 쉽게 발견할 수 있는 분이 아니라는 뜻이다. 그분은 우리 가운데 현존해 계시지만 우리가 쉽게 발견할 수 있는 분이 아니다. 숨어 계시는 하나님은 먼저 우리에게 그에 대한 목마름을 갖게 함으로써 우리에게 찾아오신다. 하나님에 대해 갈급함을 가진 사람은 하나님에 대해 목마름을 느끼게 된다. 그러한 목마름이 하나님을 찾아 나서게 만든다.

하워드 메이시(Howard Macy)는 이렇게 말했다. "우리를 향한 하나님의 갈망이 우리에게도 그분을 찾는 갈망을 불러일으킨다. 하나님은 아주 미세한 것—내면으로 끌리는 마음, 우연이 아닌 말과 사건의 조화, 폭우나 꽃송이 너머의 한 조각 딴 세상—에 가 계실 수 있지만, 그것은 우리의 심장 고동을 멈추어 더 많은 것을 알고 싶은 갈망을 심어 주기에 충분한 것이다."

하나님을 향한 우리의 갈망은 다윗만큼 절실하지는 못할지 몰라도 어디까지나 사실이다. 그러나 굶주림이란 고통이기에 우리는 아무 방법으로나 그 고통을 덜려 한다. 여러 방법 중 하나가 종교활동이다. 독서나 테이프 청취나 세미나 참석 같은 활동이 다 해당될 수 있다. 모두 아주 좋고 유익한 일이지만, 그런 활동을 통해 우리는 남의 경험으로 배를 채운다. '내' 경험이 아닌 것이다. (《영혼의 창》, 66쪽.)

오 영혼이여, 네가 하나님을 숨어 계시는 분으로서 찾는 것은 매우 잘한 일이다. 왜냐하면 네가 다다를 수 있는 것보다 더 높이 더 깊이 하나님을 숙고할 때, 하나님을 무한히 찬양할 수 있고 그에게 매우 가까이 다가갈 수 있기 때문이다.
그러므로 너의 지적능력으로 파악할 수 있는 것에 부분적으로나 전체적으로 너무 집착하지 말라. 내가 의미하는 바는 하나님을 이해하는 데서 만족을 추구해서는 안 되며 네가 아직 그에 대해 이해하지 못하는 것에서 만족해야 한다는 것이다. 하나님에 대한 너의 경험과 이해 속에서 그분을 사랑하며 즐거워하지 말고, 하나님에 대해 이해할 수 없고 인식할 수 없는 가운데에서 사랑과 기쁨을 가져야 한다.
우리가 말한 대로 믿음으로 하나님을 찾는 것은 그와 같은 것이다. 그러나 우리가 분명히 발견했듯이 우리는 반드시 하나님을 경험하고 이해해야만 한다. 즉, 하나님은 접근할 수 없고 감추어진 존재이기 때문에, 우리는 늘 하나님을 감추어진 존재로 받아들이고 비밀스럽게 감추어진 하나님을 섬겨야만 한다.
어리석은 사람들은 하나님에 대한 이해 부족 때문에 자신이 하나님을 이해하지 못하고 음미하지 못하고 경험하지 못할 때, 하나님이 멀리 떠나 계시며 아주 숨어 계신다고 생각한다. 그러나 오히려 그와는 반대의 믿음이 더 진실일 수 있다. 즉, 그들의 하나님 이해와 그들이 하나님께 더 가까이 다가가는 것에는 별 차이가 없다. 그렇기 때문에 예언자 다윗은 하나님께서 어둠을 자기의 숨는 곳으로 삼으신다고 말했다(시 18:11). 그러므로 하나님께 가까이 이끌릴수록 너는 너의 시력이 더 약해져서 어두움을 경험할 것이다. (John of the Cross, 'The hidden God,' *The Westminster Collection of Christian Meditations*, 149-150쪽.)

성서 읽기

바울이 아레오바고 법정 가운데 서서, 이렇게 말하였다. "아테네 시민 여러분, 내가 보기에, 여러분은 모든 면에서 종교심이 많습니다. 내가 다니면서, 여러분이 예배하는 대상들을 살펴보는 가운데, '알지 못하는 신에게'라고 새긴 제단도 보았습니다. 그러므로 나는 여러분이 알지 못하고 예배하는 그 대상을 여러분에게 알려 드리겠습니다. 우주와 그 안에 있는 모든 것을 창조하신 하나님께서는 하늘과 땅의 주님이시므로, 사람의 손으로 지은 신전에 거하지 않으십니다. 또 하나님께서는, 무슨 부족한 것이라도 있어서 사람의 손으로 섬김을 받으시는 것이 아닙니다. 그분은 모든 사람에게 생명과 호흡과 모든 것을 주시는 분이십니다. 그분은 인류의 모든 족속을 한 혈통으로 만드셔서, 온 땅 위에 살게 하셨으며, 그들이 살 시기와 거주할 지역의 경계를 정해 놓으셨습니다. 이렇게 하신 것은, 사람으로 하여금 하나님을 찾게 하시려는 것입니다. 사람이 하나님을 더듬어 찾기만 하면, 만날 수 있을 것입니다. 사실, 하나님은 우리 각 사람에게서 멀리 떨어져 계시지 않습니다. (행 17:22-27)

묵상 주제

1) 하나님께서 숨어 계신다는 것은 무슨 의미인가? 지금까지의 생애에서 당신은 어느 때에 하나님께서 숨어 계시는 것처럼 느껴졌는가?

2) 바울이 아테네에서 전도할 때 그곳 사람들에게 말한 설교의 핵심적 내용을 자세히 요약해서 적어 보라. 바울은 하나님을 어떤 분으로 전했는가?

3) 당신은 현존하시는 하나님의 현존 가운데 살고 있는가? 만약 그렇지 못하다면 그 이유가 무엇인가?

2 그분에게로 다가가기–대화의 삶   하나님께 다가가는 데에는 특별한 요령, 기술(technic), 방법이 있는 것이 아니다. 그러나 자신들의 생애에서 하나님을 만나 그분과 함께 믿음의 순례 여정을 달려간, 많은 성인들이 남긴 경험의 길은 있다.

그러나 그 길 역시 나의 길이 되거나, 방법이 되지는 못한다. 하나님께 다가가는 데에는 하나님의 인도를 받아야 한다. 하나님의 인도 없이 하나님을 만나는 일은 불가능하다. 하나님을 만나는 데 가장 기본적인 것은 영혼의 갈급함이다. 그리고 그분에 대한 바른 이해이다. 진정으로 하나님을 만나고자 하는 사람은 바른 이해의 길을 알아 두어야 한다. 우리는 그 마른 이해의 길을 지금까지 영성의 삶을 살아온 많은 믿음의 선배들을 통해 배우게 된다. 그들은 우리의 영적 멘토이다. 그들이 경험한 내용들은 우리에게 나침반과 같다. 항해를 하는 항해사에게 나침반은 필수적이다. 영성의 길을 가는 사람들에게 이미 우리보다 앞서 간 믿음의 선배들의 신앙 경험은 좋은 영적 길잡이가 된다.

특별히 하나님께 다가가고자 하는 사람이면 누구나 익혀야 할 길이 있다. 그것은 기도이다. 기도는 하나님께 나아가는 길이다. 기도는 배워야 한다. 갓난아이가 걸음마를 배우듯 기도는 한 걸음 한 걸음 조급해 하지 말고 인내를 가지고 배워야 한다. 기도의 걸음을 한발 한발 내딛을 때 그 걸음에 수반되는 소중한 경험들이 있다.

- 먼저 자신에 대해 솔직해져야 한다.
- 자신의 감정, 생각을 있는 그대로 아뢰야 한다.
- 자신의 비밀을 하나님께 있는 그대로 내보여야 한다.
- 자신의 생각, 뜻을 미리 정해 놓고 그것을 관철시키려 하지 않아야 한다.
- 간절한 마음으로 기다리는 법을 배워야 한다.

기도는 시간과 공간을 초월해 어디에나 계시는 하나님을 바라보는 것이며, 하나님께 자신을 내보이는 것을 허락하는 것이다. 이제 눈을 들어 사방으로 우리를 둘러싸고 있는 빛을 보는 것보다 더 쉽고 간단한 것이 무엇이겠는가?

하나님은 빛보다 우리에게 훨씬 더 가깝게 계신다. 그분 안에서 우리는 살고 움직이고 존재한다. 그는 우리에게 침투해 들어오시고, 우리를 채우시고, 우리 자신보다 우리에게 더 가깝게 계신다.

이 사실을 순수하게 믿고, 가능한 한 단순하게 생각하는 것이 기도이다. 신임하는 의사에게 우리의 고통을 이야기함으로써 우리를 바르게 진단하게 하는 일은 그리

쉽지 않다. 그러나 기도하고자 할 때 우리는 하나님께 이것저것 내놓을 필요도, 이렇게 저렇게 우리 자신을 제시할 필요도, 너무 많은 것을 보려 하거나 많은 것을 경험하려 할 필요도 없다. 다만 우리가 어떤 상태에 있으며, 어떤 존재가 되기를 원하는지 단순하고 간단하게 아뢰면 된다.

우리는 하나님께서 단지 겉만을 보시도록 해서는 안 되며, 매 순간 하나님과 함께 머물고 그분 앞에 있어야 한다. 그렇게 함으로써 하나님께서는 우리를 바르게 보시고 우리를 치유하실 수 있다. 우리는 하나님께, 우리 안에 있는 것 외에 다른 어떤 것을 보이려 하거나 말하려 하지 말아야 한다.

자신에게 아직 영적 경험이 없어서 혼란과 어둠을 느낀다면, 솔직하게 하나님께 아뢰고 그분이 나의 고통을 보시게 하라. 나의 영적생활에 도움이 될 수 있는 일, 즉 영적 독서와 같은 것은 기도에 많은 도움이 될 수 있다.

무엇보다 자신의 의지와 욕망을 부인하라. 그러면 올바르고 쉽게 기도할 수 있을 것이다. 왜냐하면 주님이 그의 은혜를 통해 당신 영혼에 기도가 있게 할 것이기 때문이다. (Gerhard Tersteegen, 'See and be seen,' *The Westminster Collection of Christian Meditations*, 153쪽.)

성서 읽기

"너희는 기도할 때에, 위선자들처럼 하지 말라. 그들은 사람들에게 보이려고, 회당과 큰 길모퉁이에 서서 기도하기를 좋아한다. 내가 진정으로 너희에게 말한다. 그들은 자기네 상을 이미 다 받았다. 너는 기도할 때에, 골방에 들어가 문을 닫고서, 숨어서 계시는 네 아버지께 기도하여라. 그리하면 숨어서 보시는 너의 아버지께서 너에게 갚아 주실 것이다. 너희는 기도할 때에, 이방 사람들처럼 빈말을 되풀이하지 말라. 그들은 말을 많이 하여야만 들어 주시는 줄로 생각한다. 그러므로 그들을 본받지 말라. 하나님 너희 아버지께서는, 너희가 구하기 전에, 너희에게 필요한 것이 무엇인지를 알고 계신다. 그러므로 너희는 이렇게 기도하여라. 하늘에 계신 우리 아버지, 그 이름을 거룩하게 하여 주시며, 그 나라를 오게 하여 주시며, 그 뜻을 하늘에서 이루심 같이, 땅에서도 이루어 주십시오. 오늘 우리에게 필요한 양식을 내려 주시고 우리가 우리에게 죄 지은 사람을 용서하여 준 것 같이 우리의 죄를 용서하여 주시고, 우리를 시험에 들지 않게 하시고, 악에서 구하여 주십시오. 나라와 권세와 영광은 영원히 아버지의 것입니다. 아멘." (마 6:5-13)

묵상 주제

1) 지금까지의 신앙 여정에서 당신이 생각하며 행해 오던 기도에 관해 적어 보라. 그리고 자신의 주된 기도 내용이 무엇인지 검토해 보라.

2) 기도에 대한 예수님의 가르침은 무엇인가? 그 내용을 요약해서 적어 보라. 그리고 예수님이 가르쳐 주신 주기도문을 내용별로 간단히 나누어 보라.

3) 마음속 깊은 곳에 아직 아무에게도 말하지 않은 문제가 있는가? 만약 있다면 그것을 하나님께 자세히 아뢰고, 그런 다음 그 느낌을 적어 보라.

3. 묵상하는 삶

현대 사회에서 우리의 대적은 세 가지, 즉 시끄러움과 조급함과 혼잡함을 통하여 크게 역사한다. 우리의 대적은 우리들을 '물량주의'에 빠지게 했을 때 만족한다. 정신분석학자 칼 융이 다음과 같이 말하였다. "조급함은 마귀에게서 나온 것이 아니라 그 자체가 마귀이다."

우리가 우리 문화의 피상성을 탈피하기 원한다면 우리는 재창조의 침묵 속, 묵상의 깊은 세계 속으로 들어가야 한다. 기독교의 묵상은 간단히 말하면 하나님의 음성을 듣고 그의 말씀에 순종하는 능력이다.

기독교의 묵상 개념을 중요시하는 곳에는 반드시 그것을 동양 종교의 묵상 개념과 같은 것으로 보는 사람들이 있다. 그러나 실상은 이 두 가지 개념이 세상을 나누어 놓는다. 동양의 묵상은 마음을 비우기 위한 노력이다. 반면에 기독교 묵상은 마음을 채우기 위한 시도이다. 이 두 개념은 이처럼 전혀 다르다. 동양의 묵상에서는 세상에서 떨어지는 것을 강조한다. 개성과 자아를 버리고 범아와 일치되는 것을 강조한다. 이 세상의 수고와 고통에서 해방되어 비인격의 열반으로 들어가는 것을 동경한다. 개인의 정체성은 상실된다. 기독교의 묵상은 초연의 개념보다 더 높은 것이다. 기독교 묵상은 우리 자신을 자유롭게 하여 하나님께 드리는 데 필요한 완전함으로 이끌어 준다. (리처드 포스터,《영적 훈련과 성장》, 생명의말씀사 역간, 31, 38-39쪽.)

이 세상에 사는 모든 사람은 매 순간, 모든 사건마다 자기의 영혼에 무엇인가를 심는다. 바람이 수없이 많은 씨를 나르듯, 매 순간 사람의 마음과 의지에는 알아챌 수 없게 자리 잡는 정신적 활기의 씨앗들이 날아든다. 그리고 수없이 많은 씨의 대부분은 말라 죽어 없어진다. 그 이유는 사람들이 씨를 받아들일 준비가 되어 있지 않기 때문이다. 이런 씨들은 아무 곳에서나 싹트지 않고 자유와 자발성, 사랑의 좋은 흙에서만 싹을 틔운다. (Thomas Merton, *New Seeds of Contemplation*, the Abbey of Gethsemani, Inc. 14쪽.)

나는 묵상의 숲으로 들어가는 방법을 배운 이래, 그 숲에서 달콤한 이슬방울을 받아 왔다. 나는 묵상으로 들어가는 문이 어디에서나 그리고 한밤중, 한낮, 새벽 혹은 황혼 언제든지 열려 있다는 것을 발견했다. 길거리, 전차, 기차, 대기실, 감옥 등 어느 곳이든지 내게는 묵상의 장소가 될 수 있다. 나는 그러한 곳에서 내 마음에 거하시는 전능하신 하나님을 편안한 마음으로 묵상할 수 있다.
아시시의 성 프란체스코는 대낮에 해를 바라보며 묵상하고 기도했다고 전해진다. 플라톤은 "소크라테스는 그의 제자들과 함께 길을 걷다가 잠시 묵상하기 위해 갑자기 발걸음을 멈추고 우뚝 서 있곤 했다"고 말했다.
예수님은 광야에서 사십 주야를 묵상했다. 때때로 그는 갈릴리에 있는 산에 오르셔서 밤새도록 묵상과 기도에 몰입하셨다. 묵상의 원천에서 물을 길어 올린 사람은 하나님께서 그들의 마음에 가깝게 계시다는 사실을 안다. 오늘날 기계문명의 혼잡 속에서 고요함을 발견하기 원하는 사람들을 위해 이러한 묵상의 옛 영역을 다시 찾는 것은 여간 어려운 일이 아니다. 내 시력을 상실한 이래로 나는 이 성스러운 영역에 다다름으로서, 새로운 원천을 발견한 것처럼 기뻐했다.(Toyohiko Kagawa, *Meditations*, Harper & Brothers, 1쪽.)

성서 읽기

복 있는 사람은 악인의 꾀를 따르지 아니하며, 죄인의 길에 서지 아니하며, 오만한 자의 자리에 앉지 아니하며, 오로지 주님의 율법을 즐거워하며, 밤낮으로 율법을 묵상하는 사람이다. 그는 시냇가에 심은 나무가 철따라 열매를 맺으며 그 잎이 시들지 아니함 같으니, 하는 일마다 잘될 것이다. 그러나 악인은 그렇지 않으니, 한낱 바람에 흩날리는 쭉정이와 같다. 그러므로 악인은 심판받을 때에 몸을 가누지 못하며, 죄인은 의인의 모임에 참여하지 못한다. 그렇다. 의인의 길은 주님께서 인정하시지만, 악인의 길은 망할 것이다. (시편 1:1-6)

묵상 주제

1) 기독교의 묵상과 동양 종교의 명상은 어떻게 다른가? 기독교 묵상의 소재는 무엇인가?

....

....

....

2) 시편 1편의 내용에서 시인이 제시하는 참인간의 길은 어떤 길인가? 시인은 그러한 길의 원천이 어디에 있다고 말하는가?

3) 당신이 묵상의 삶을 실천하는 데 제일 방해되는 것은 무엇인가? 또한 그러한 문제를 어떻게 해결해 가고 있는가? 또 문제 해결을 위한 영적 지도를 필요로 하는가?

4. 하늘이 열리는 삶

지난날, 내가 경험한 부정적인 신앙경험을 한 가지 말하겠다. 어린 시절부터 나는 무엇인가 알 수 없는 내적 갈급함에 시달리며 성장했다. 좀더 완전한 사람이 되고자 하는 욕망이 항상 나를 사로잡았기 때문이다. 나중에 깨달은 것이지만 이러한 욕구는 어린 시절 역기능의 상황에서 생긴 마음의 상처로 인한 것이었다. 그것은 사랑에 대한 목마름, 인정에 대한 목마름, 상실한 것에 대한 동경이었다.

이상과 꿈을 실현하기 위해 나는 어린 시절부터 새벽기도도 하고, 톨스토이《인생독본》의 일정 분량을 정해 놓고 읽어가며 나름대로 이상세계를 향해 나아가려 했다. 그러한 삶을 통해 겉보기에 어른스럽고 점잖은 모습이 되어 갔지만 내면에 평안과 자유, 기쁨은 없었다. 나는 그렇게 분열된 자아에 대한 인식에서 퍽 오랜 기간 갈등하며 살았다. 그리고 내면과 외면의 인격이 일치를 이루는 삶을 발견하기까지 많은 좌절과 절망의 고비를 넘어야만 했다.

내가 이러한 모순의 삶을 극복하게 된 것은 '나 자신과 화해하는 삶'을 배워 가기 시작하면서였다. 그때부터 나는 점점 어두운 터널을 벗어나기 시작했다. 내게 희망의 평원이 전개되었고, 새로운 신앙 여정이 시작되었다. 그때까지만 해도 나는 하나님을 '내게 도덕적 완전을 요구하시는 분'으로 이해했다. 그리고 하나님의 희망 속에 있는 나는, 나 자신의 도덕적 수양으로 이루어진 도덕적으로 완전한 존재라고 생각했다.

하나님의 희망 속에 있는 나는 하나님에 의해 용서되고 받아들여지고 치유되고 화해되고 보상된 존재라는 사실의 깨달음은 하나님께서 내게 주신 새로운 삶의 선물, 그 자체였다. 내 무의식의 작동으로 체험을 만들어 내지 않고 내 신념으로 하나님을 조종하려는 어리석음에서 벗어나 내 생각·의지·감정을 초월해 위로부터 오는 하나님 사랑의 임재 체험, 이 얼마나 감격스럽고 기막힌 일인가! 이것은 오직 하나님의 은혜로만 이루어진다. 그때부터 내 삶에는 하늘이 열리기 시작했다.

> 현대의 '도덕화하는 신학'이 우리에게 제시하는 영성은 위로부터 출발한다. 그것은 사심 없음, 자제력, 지속적인 친절, 순수한 사람, 분노로부터의 해방, 성욕의 극복 등 우리가 도달해야 할 높은 이상을 제시한다. 위로부터 영성은 젊은이들에게 확실히 긍정적인 의미가 있다. 그들에게 도전이 되고 그들의 능력을 시험하기 때문이다. 그것은 자아를 초월하여 성장하고 목표를 향해 분투노력하도록 자극한다. 그러나 그것은 종종 우리 자신의 능력을 뛰어넘게 하기 때문에 우리 자신의 약점과 한계를 억압하거나 인정하지 않으며 이상으로만 향하려 한다. 그것은 종종 이상과 현실 사이의 갈등 속에서 나타나며 분열을 초래한다. 우리의 현실이 이상에 부합하

지 못하는 것을 인정하지 않기 때문에 우리는 우리의 무능을 다른 이들에게 투사하며 그로 말미암아 타인에 대해 냉혹해진다.

아래로부터 영성은 우리가 섬세한 자기 관찰과 진실한 자아인식을 통해서 하나님께 이를 수 있음을 보여 준다. 우리가 높은 이상으로 삼은 것 안에서는 하나님이 우리에게 원하시는 것이 무엇인지를 알 수 없다. 왜냐하면 거기서는 흔히 공명심만이 표현되기 때문이다. 우리가 다른 사람과 하나님 앞에서 더 낫게 보이려고 높은 이상에 도달하고자 하는 것이다. 아래로부터의 영성은 나의 현실 속으로 내려가고 나의 욕정과 욕망, 나의 약함과 무능함을 초월하여 하나님께로 인도하는 길이 될 때 나를 위한 하나님의 뜻을 알게 되고 나의 소명을 발견할 수 있음을 의미한다. 하나님께로 가는 길은 나 자신과의 만남을 거쳐서, 나 자신의 실재 안으로 내려감을 거쳐서 나아간다. (안셀름 그륀, 《하늘은 네 안에서부터》, 분도출판사 역간, 17, 25, 26쪽.)

성서 읽기

스스로 의롭다고 확신하고 남을 멸시하는 몇몇 사람에게 예수께서는 이 비유를 말씀하셨다. "두 사람이 기도하러 성전에 올라갔다. 한 사람은 바리새파 사람이고, 다른 한 사람은 세리였다. 바리새파 사람은 서서, 혼잣말로 이렇게 기도하였다. '하나님, 감사합니다. 나는, 남의 것을 빼앗는 자나, 불의한 자나, 간음하는 자와 같은 다른 사람들과 같지 않으며, 더구나 이 세리와는 같지 않습니다. 나는 이레에 두 번씩 금식하고, 내 모든 소득의 십일조를 바칩니다.' 그런데 세리는 멀찍이 서서, 하늘을 우러러볼 엄두도 못 내고, 가슴을 치며 '아, 하나님, 이 죄인에게 자비를 베풀어 주십시오' 하고 말하였다. 내가 너희에게 말한다. 의롭다는 인정을 받고서 자기 집으로 내려간 사람은, 저 바리새파 사람이 아니라 이 세리다. 누구든지 자기를 높이는 사람은 낮아지고, 자기를 낮추는 사람은 높아질 것이다." (눅 18:9-14)

묵상 주제

1) 예수님의 비유에서 바리새인과 세리의 차이점은 무엇인가? 둘 중 누구에게 하늘이 열리는가?

2) '아래로부터 영성'과 '위로부터 영성'의 차이점은 무엇인가? 당신은 자신과 화해하는 삶을 살고 있는가? 여기서 '자신과의 화해'란 무엇을 의미하는가? 하나님께서는 진정한 '자기 자신'을 원하신다. 당신은 누구인가?

3) 하나님께서는 일상적인 삶에서 발생하는 긍정적인 일과 부정적인 일을 통해 우리에게 말씀하신다. 지금 당신에게 고통의 문제, 어려운 문제가 있다면 그 문제를 통해 하나님께서 말씀하고자 하시는 것이 무엇인지 찾아보라.

5. 깨달음의 삶

하나님께서는 말씀을 통해 우리에게 찾아오신다. 하나님께서 말씀으로 찾아오실 때 그 말씀이 우리의 마음밭에 심겨져 싹이 나고 성장하여 열매 맺도록 하려면, 우리의 성실한 반응이 있어야 한다. 아무리 좋은 씨앗이 뿌려졌다 해도 토양이 좋지 않아 수분과 경작, 성장이 이루어지지 않으면 좋은 열매를 맺을 수 없다. 좋은 토양은 자연적인 것이기보다는 말씀을 듣고 받아들이는 우리의 태도와 관련된다. 우리에게 들려지는 말씀이 좋은 토양에 뿌려진 것이 되게 하기 위해서 우리가 배워야 할 몇 가지 기본적인 원칙이 있다.

먼저 정해진 말씀을 읽기 전에 우리의 의도가 아닌 하나님의 의도대로 말씀을 듣고 깨닫도록 성령의 임재를 구하는 기도가 있어야 한다. 그 다음 정해진 말씀, 즉 문단 또는 구절을 읽을 때 나를 가장 사랑하는 분이 보낸 편지를 읽는다는 마음으로 천천히 주의를 기울여 읽어야 한다. 그리고 나서 읽는 과정이나 다 읽고 난 후에 특별히 마음에 느껴진 문장, 또는 단어를 마음에 품고 그것을 음미하는 것이다. 음미 과정은 마치 배불리 먹고 나서 되새김질하는 소를 연상시킨다. 소는 먹은 풀을 되새김질한 다음에 그것을 네 개의 위 중 하나에 저장하고, 다시 다른 위 가운데 하나에서 또 한 움큼을 끌어올린다. 소는 그 풀을 한동안 되새김질하다가 삼키고 나면 먼저 되새김질했던 풀을 또다시 끌어내어 씹고 또 씹는다. 이러한 것과 유사한 과정을 우리는 위를 대신해 머리로 하는 것이다.

사랑하는 분의 글을 거듭 음미하다 보면 어느 정도 깊은 통찰력과 깨달음이 생긴다. 이러한 깨달음은 성령의 활동으로 이루어진다. 우리는 우리 자신이 무엇을 하려 하지 말고 단지 그 깨달음의 길로 따라가기만 하면 된다. 그리고 전체 본문에서 부분적인 위치를 차지하는 문단이나 단어는 전체 내용의 뜻을 이끌어 내게 된다. 그때 우리는 깨달은 말씀으로 사랑하는 분과 내밀한 마음의 대화를 나눌 수 있다. 그 대화에서 우리는 사랑하는 분에게 우리 자신을 드리게 된다. 그렇게 하나님께 응답하는 과정에서 조용히 '감사의 정', 또는 '사랑과 찬송의 내적 움직임으로 응답하려는 자세'를 갖추게 된다.

이렇게 하나님의 말씀을 듣고 깨닫는 자세가 정립되면서 우리는 하나님 앞에 머물거나 그분의 임재 안으로 조용히 빨려드는 경험을 한다. 이러한 것이 어느 정도 익숙해지면, 단계에 구애받지 않고 적절하게 어느 단계에서나 하나님과 대화를 시작할 수 있으며 자연스럽게 다른 단계로 넘어갈 수 있게 된다.

특별히 부언해 두고 싶은 것은, 하나님의 말씀을 일정 부분 묵상하는 가운데 그 말씀과 상관없는 것 같은 문제나 생각이 떠오를 수 있다. 그러나 말씀을 음미하다 보면 그 문제에 대한 해답도 결국 그 시간에 주어진 말씀에 있음을 알게 된다. 이러한 말씀 묵상은 큐티(Q.T.)나, 성경공부와는 다르다. 큐티와 성경공부는 말씀을 분석하고 그 뜻을 찾아낸 다음에 말씀을 삶에 적용시킨다. 그러나 이러한 묵상은 말씀을 분석하거나 해석하지 않는다. 단순히 읽거나 귀를 기울여 듣는 가운데서 인상 깊게 들려오는 말씀을 가지고 음미해 가는 것이다.

이러한 말씀 묵상의 길을 다음과 같은 도식으로 표시할 수 있다.

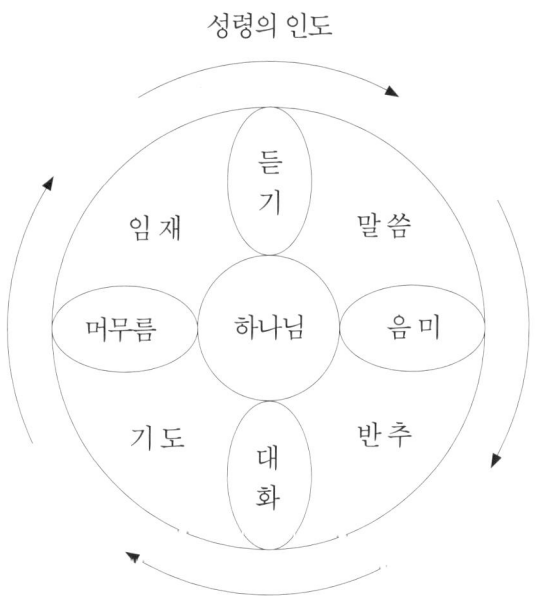

위의 도식에서 듣기 · 음미 · 대화 · 머무름은 각각 독립된 것이지만 같은 원 안에 있다. 묵상의 초기 단계에서는 듣기에서 출발하여 음미, 음미한 내용으로 하나님과 대화, 그리고 하나님의 임재 가운데 머무름으로 이루어진다.

묵상훈련이 어느 정도 되면 일정한 순서에 따르지 않고 어느 단계에서나 시작이 이루어질 수 있다. 어느 단계에서 시작되어도 그것은 다른 단계로 자연적으로 연결된다. 단, 어느 단계에서도 그 중심은 하나님이시다.

성서 읽기

(이 본문을 읽기 전에 먼저 성령의 인도하심을 구하는 기도를 하라.)

그러므로 그리스도 안에서 여러분에게 무슨 격려나, 사랑의 무슨 위로나, 성령의 무슨 교제나, 무슨 동정심과 자비가 있거든, 여러분은 같은 생각을 품고, 같은 사랑을 가지고, 뜻을 합하여 한 마음이 되어서, 내 기쁨이 넘치게 해 주십시오. 무슨 일을 하든지, 경쟁심이나 허영으로 하지 말고, 겸손한 마음으로 하고, 자기보다 서로 남을 낮게 여기십시오. 또한 여러분은 자기 일만 돌보지 말고, 서로 다른 사람들의 일도 돌보아 주십시오. 여러분 안에 이 마음을 품으십시오. 그것은 곧 그리스도 예수의 마음이기도 합니다. 그는 하나님의 모습을 지니셨으나, 하나님과 동등함을 당연하게 생각하지 않으시고, 오히려 자기를 비워서 종의 모습을 취하시고, 사람과 같이 되셨습니다. 그는 사람의 모양으로 나타나셔서, 자기를 낮추시고, 죽기까지 순종하셨으니, 곧 십자가에 죽기까지 하셨습니다. 그러므로 하나님께서는 그를 지극히 높이시고, 모든 이름 위에 뛰어난 이름을 그에게 주셨습니다. 그리하여 하늘과 땅 위와 땅 아래 있는 모든 것들이 예수의 이름 앞에 무릎을 꿇고, 모두가 예수 그리스도는 주님이시라고 고백하여, 하나님 아버지께 영광을 돌리게 하셨습니다. (빌 2:1-11)

인도 1

이 말씀을 읽는 가운데서 특별히 인상 깊게 들려지는 단어나 문장이 있는가? 그것을 음미해 보라.

인도 2

음미한 내용으로 하나님과 대화를 시도해 보라. 특별히 주의할 점은 대화의 내용을 나의 의도대로 이끌어 가려 하지 말고 하나님의 인도하심에 자신을 맡기는 것이다.

인도 3

대화 가운데서 느껴진 하나님을 조용한 가운데 잠시 마음으로 바라보며, 그분과 함께 잠시 머물라.

인도 4

당신에게 감동이 느껴지는 대로 조용히 찬송 또는 아멘으로 끝맺음을 하라.

8 신비의 길

주님의 말씀은 내 발의 등불이요, 내 길의 빛입니다. −시편 119편 105절

신비의 길은 자신의 가치를 느끼게 하는 건강한 길들 중에 하나이다. 신비(die Mystik)는 초인격 심리학과 마찬가지로 우리 안에 다른 사람은 아무도 들어올 수 없는 공간이 있다는 것과 나의 초자아에 대해 고찰할 필요가 전혀 없는 공간이 있음을 알려 준다. 그 공간은 하나님께서 친히 우리 안에 거주하시는 고요한 곳이다. 신비가는 이 고요한 공간이 우리 각자 안에 있다고 믿는다. 그러나 많은 사람들이 참된 자기 자신과 의식 세계 사이에 들어 있는 온갖 쓰레기와 잡동사니들로 이루어진 장막−수많은 걱정들과 문제들, 온갖 종류의 생각들과 계획들로 구성된−으로 분리되어 이 공간을 감지하지 못한다. 이 고요한 내면의 공간으로 가는 길은 기도와 묵상이다. 수도자들은 단순한 말을 반복해서 기도하는 방법을 개발했다. 그들은 길이와 리듬이 호흡과 어울릴 수 있는 "보소서, 저는 당신 곁에 있나이다"와 같은 간단한 구절을 성서에서 발췌하거나, 예수의 기도인 "하나님의 아들이신 주 예수 그리스

도여, 저를 불쌍히 여기소서"를 호흡에 맞추어 반복하여 외우면서 기도와 묵상을 했다. (안셀름 그륀,《참 소중한 나》, 성바오로 역간, 123–124쪽.)

리처드 포스터는 묵상생활의 가장 기본적인 특성과 운동성에 대해 다음과 같이 설명해 주고 있다.

사랑. 시간이 지나고 경험이 쌓일 때 우리는 하나님을 향한 섬세하고도 깊은 사랑을 느낀다.

평강. 동일한 시기에 평강이 살짝 들어온다. 이 평강은 분석하거나 해부할 수 없는 것이고, 사도 바울이 말한 것처럼 "모든 지각에 뛰어난 평강"(빌 4:7)이다.

기쁨. 우리가 경험하기 시작하는 또 하나의 움직임은 기쁨이다. 매우 힘든 인생을 살았던 지혜로운 한 여인은 기쁨의 실체를 잘 포착해서 이렇게 말했다. "즐거운 일이 앞에 놓여 있다고 주님이 말씀하셨다." 거기에는 쾌감—깊은 희락—이 있다. 그리고 쾌활함이 있다. 하나님은 우리의 영혼을 향해 웃으시고, 우리 영혼도 하나님을 향해 웃는다.

공허. 묵상생활과 반대되며, 거의 모순되는 것으로 여겨지는 공허가 있다. 사랑스러운 기쁨으로 들어가는 그 순간에, 우리는 강열한 갈망과 동경과 허구—추구하지만 발견 못함—속으로 빠져 늘어간다. 많은 경우 공허는 어두움이기도 하다.

불. 묵상생활에서 우리가 성장하며 경험하는 또 하나의 실재는 불이다. 물론 문자 그대로 불을 말하는 것은 아니다. 하지만 실재하는 불인 것은 확실하다. 사랑의 최초의 움직임은 이제 더 강열해지고 한결같이 불타는 정열이 된다. 불순종이나 무시 등 하나님과의 관계가 멀어지거나 아예 끊어지도록 만드는 모든 것은 극도의 아픔이 된다. 불은 불순종을 만드는 모든 불순물을 태워 버린다.

변형. 이 모든 것을 통해 하나님께서는 점차적으로 그리고 천천히 내면의 기능들을 '사로잡으신다'. 처음에는 마음과 의지를, 그 다음에는 생각을, 그리고 상상력을, 그리고 정열들을 사로잡으신다. 그 결과는 인격 전체가 그리스도의 모습을 닮게 되는 변형이다. (리처드 포스터, 《생수의 강》, 두란노 역간, 82-84쪽.)

1. 오천 명을 먹이시다

듣기

사도들이 예수께로 몰려와서, 자기들이 한 일과 가르친 일을 다 그에게 보고하였다. 그때에 예수께서 그들에게 말씀하셨다. "너희는 따로 외딴 곳으로 와서, 좀 쉬어라." 거기에는 오고가는 사람이 하도 많아서 음식을 먹을 겨를조차 없었기 때문이다. 그래서 그들은 배를 타고, 따로 외딴 곳으로 떠나갔다. 그런데 많은 사람이 이것을 보고, 그들인 줄 알고, 여러 마을에서 발걸음을 재촉하여 그곳으로 함께 달려가서, 그들보다 먼저 그곳에 이르렀다. 예수께서 배에서 내려서 큰 무리를 보시고, 그들이 마치 목자 없는 양과 같으므로, 그들을 불쌍히 여기셨다. 그래서 그들에게 여러 가지로 가르치기 시작하셨다. 날이 이미 저물었으므로, 제자들이 예수께 다가와서 말하였다. "여기는 빈 들이고 날도 이미 저물었습니다. 이 사람들을 헤쳐, 제각기 먹을 것을 사 먹게 근방에 있는 농가나 마을로 보내시는 것이 좋겠습니다." 예수께서 그들에게 말씀하셨다. "너희가 그들에게 먹을 것을 주어라." 제자들이 그에게 말하였다. "그러면 우리가 가서 빵 이백 데나리온 어치를 사다가 그들에게 먹이라는 말씀입니까?" 예수께서 그들에게 말씀하셨다. "너희에게 빵이 얼마나 있느냐? 가서, 알아보아라." 그들이 알아보고 말하였다. "빵 다섯 개와 물고기 두 마리가 있습니다." 예수께서는 제자들에게 명하여, 모두들 떼를 지어 푸른 풀밭에 앉게 하셨다. 그들은 백 명씩 또는 쉰 명씩 떼를 지어 앉았다. 예수께서 빵 다섯 개와 물고기 두 마리를 들어서, 하늘을 쳐다보고 축복하신 다음에, 빵을 떼어서 제자들에게 주시고 사람들에게 나누어 주게 하셨다. 그리고 그 물고기 두 마리도 모든 사람에게 나누어 주셨다. 그들은 모두 배불리 먹었다. 빵 부스러기와 물고기 남은 것을 주워 모으니, 열두 광주리에 가득 찼다. 빵을 먹은 사람은 남자 어른만도 오천 명이었다. (막 6:30-44)

음미 "너희가 그들에게 먹을 것을 주어라."

1) 예수님이 제자들에게 "너희가 그들에게 먹을 것을 주어라"라고 말씀하시게 된 동기와 상황을 묵상해 보라.

2) 그 상황에서 발생한 문제를 해결하기 위해 제자들은 예수님께 무엇을 제안했는가?

3) 예수님은 제자들에게 어떻게 하라고 하셨는가? 제자들은 예수님의 명령을 어떻게 해결하려 했는가?

4) 예수님은 그 문제를 어떻게 해결하셨는가?

5) 당신은 문제가 많은 현실 속에 하나님께서 현존해 계심을 진심으로 믿는가?

대화

깨달은 내용으로 하나님과 대화하라. 대화의 내용을 간단히 요약해 보라.

머무름

느낀 것을 가지고 조용히 침묵 가운데 머물라.

2 폭풍우 속의 그리스도

듣기

예수께서는 곧 제자들을 재촉하여 배에 태워서, 자기보다 먼저 건너편으로 가게 하시고, 그동안에 무리를 헤쳐 보내셨다. 무리를 헤쳐 보내신 뒤에, 예수께서는 따로 기도하시려고 산에 올라가셨다. 날이 이미 저물었을 때에, 예수께서는 홀로 거기에 계셨다. 제자들이 탄 배는, 그 사이에 이미 육지에서 멀리 떨어져 있었는데, 풍랑에 몹시 시달리고 있었다. 바람이 거슬러서 불어왔기 때문이다. 이른 새벽에 예수께서 바다 위로 걸어서 제자들에게로 가셨다. 제자들이, 예수께서 바다 위로 걸어오시는 것을 보고, 겁에 질려서 "유령이다!" 하며 두려워서 소리를 질렀다. [예수께서] 곧 그들에게 말씀하셨다. "안심하여라. 나다. 두려워하지 말라." 베드로가 예수께 말하였다. "주님, 주님이시면, 나더러 물 위로 걸어서, 주님께로 오라고 명령하십시오." 예수께서 "오너라!" 하고 말씀하셨다. 베드로는 배에서 내려, 물 위로 걸어서, 예수께로 갔다. 그러나 베드로는 [거센] 바람이 불어오는 것을 보고, 무서움에 사로잡혀서, 물에 빠져 들어가게 되었다. 그때에 그는 "주님, 살려 주십시오" 하고 외쳤다. 예수께서 곧 손을 내밀어서, 그를 붙잡고 말씀하셨다. "믿음이 적은 사람아, 왜 의심하였느냐?" 그리고 그들이 함께 배에 오르니, 바람이 그쳤다. 배 안에 있던 사람들은 그에게 무릎을 꿇고 말하였다. "선생님은 참으로 하나님의 아들이십니다." (마 14:22-33)

음미 "내게로 오라."

1) 예수님이 베드로에게 "내게로 오라"고 하셨다. 당시 베드로와 다른 제자들의 상황은 어떠했는가?

   ....
   ....
   ....

2) 베드로와 제자들은 예수님을 확실히 알아보았는가?

....

....

3) 베드로는 어떤 태도로 예수님의 요구를 받아들였는가? (베드로의 태도를 주의 깊게 바라 보라.)

....

....

4) 베드로는 예수님께 무엇을 요청했는가?

....

....

5) 마침내 제자들은 그들에게 다가오시는 분을 누구로 확신하고 맞아들였는가?

....

....

6) 삶에서 당신은 예수님의 요구에 전적으로 자신을 내어놓는가?

....

....

대화
깨달은 내용으로 하나님과 대화하라. 대화의 내용을 간단히 요약해 보라.

머무름
느낀 것을 가지고 조용히 침묵 가운데 머물라.

3. 가나안 여인

듣기
예수께서 거기에서 떠나서, 두로와 시돈 지방으로 가셨다. 마침, 가나안 여자 한 사람이 그 지방에서 나와서 외쳐 말하였다. "다윗의 자손이신 주님, 나를 불쌍히 여겨 주십시오. 내 딸이, 귀신이 들려 괴로워하고 있습니다." 그러나 예수께서는 한 마디도 대답하지 않으셨다. 그때에 제자들이 다가와서, 예수께 간청하였다. "저 여자가 우리 뒤에서 외치고 있으니, 그를 안심시켜서 떠나보내 주십시오." 예수께서 대답하셨다. "나는 오직 이스라엘 집의 길을 잃은 양들에게 보내심을 받았을 따름이다." 그러나 그 여자는 나아와서, 예수께 무릎을 꿇고 간청하였다. "주님, 나를 도와주십시오." 예수께서 대답하셨다. "자녀들의 빵을 집어서, 개들에게 던져 주는 것은 옳지 않다." 그 여자가 말하였다. "주님, 그렇습니다. 그러나 개들도 주인의 상에서 떨어지는 부스러기는 얻어먹습니다." 그제야 예수께서 그 여자에게 말씀하셨다. "여자여, 참으로 네 믿음이 크다. 네 소원대로 되어라." 바로 그 시각에 그 여자의 딸이 나았다. (마 15:21-28)

음미 "주님, 그렇습니다. 그러나 개들도 주인의 밥상에서 떨어지는 부스러기는 얻어먹습니다."

1) 가나안 여인이 갖고 있던 생의 문제는 무엇이었는가?

2) 여인은 그 문제를 해결하기 위해 누구에게 찾아갔는가?

3) 예수님의 반응은 어떠했는가? 가나안 여인의 반응은 어떠했는가?

4) 예수님께 외치는 가운데 맞닥뜨린 장애물을 가나안 여인은 어떻게 받아들였는가? 여인이 응답하는 태도를 주의 깊게 관찰해 보라.

5) 당신은 기도하는 가운데서 생기는 장애물 혹은 의문을 어떻게 극복하는가?

대화

깨달은 내용으로 하나님과 대화하라. 대화의 내용을 간단히 요약해 보라.

머무름

느낀 것을 가지고 조용히 침묵 가운데 머물라.

4. 간음한 여인

듣기

예수께서는 올리브 산으로 가셨다. 이른 아침에 예수께서 다시 성전에 가시니, 많은 백성이 그에게로 모여들었다. 예수께서 앉아서 그들을 가르치실 때에 율법학자들과 바리새파 사람들이 간음을 하다가 잡힌 여자를 끌고 와서, 가운데 세워 놓고, 예수께 말하였다. "선생님, 이 여자가 간음을 하다가, 현장에서 잡혔습니다. 모세는 율법에, 이런 여자들을 돌로 쳐 죽이라고 우리에게 명령하였습니다. 그런데 선생님은 뭐라고 하시겠습니까?" 그들이 이렇게 말한 것은, 예수를 시험하여 고발할 구실을 찾으려는 속셈이었다. 그러나 예수께서는 몸을 굽혀서, 손가락으로 땅에 무엇인가를 쓰셨다. 그들이 다그쳐 물으니, 예수께서 몸을 일으켜, 그들에게 말씀하셨다. "너희 가운데서 죄가 없는 사람이 먼저 이 여자에게 돌을 던져라." 그리고는 다시 몸을 굽혀서, 땅에 무엇인가를 쓰셨다. 이 말씀을 들은 사람들은, 나이가 많은 이로부터 시작하여, 하나하나 떠나가고, 마침내 예수만 남았다. 그 여자는 그대로 서 있었다. 예수께서 몸을 일으키시고, 여자에게 말씀하셨다. "여자여, 사람들은 어디에 있느냐? 너를 정죄한 사람이 한 사람도 없느냐?" 여자가 대답하였다. "주님, 한 사람도 없습니다." 예수께서 말씀하셨다. "나도 너를 정죄하지 않는다. 가서, 이제부터 다시는 죄를 짓지 말아라." (요 8:1-11)

음미 "너희 가운데서 죄가 없는 사람이 먼저 이 여자에게 돌을 던져라."

1) 본문의 상황을 마음으로 그려 보라! 어떤 상황이 전개되고 있는가?

....
....
....

2) 예수님은 왜 "너희 가운데서 죄가 없는 사람이 먼저 이 여자에게 돌을 던져라"라고 답변하셨는가?

....
....
....

3) 예수님께 여인을 데리고 온 사람들의 목적, 동기는 무엇이었는가? 예수님은 그들의 요구에 응하는 대신 그들 내면의 어떤 점을 드러내셨는가?

4) 예수님은 간음한 여인에게 뭐라고 말씀하셨는가? 그는 간음한 여인에 대해 어떤 태도를 취하셨는가?

5) 예수님께 생의 문제를 갖고 나아갈 때 나의 내적 동기는 어떠한가?

대화
깨달은 내용으로 하나님과 대화하라. 대화의 내용을 간단히 요약해 보라.

머무름
느낀 것을 가지고 조용히 침묵 가운데 머물라.

5. 열 사람의 나병환자

듣기

예수께서 예루살렘으로 가시는 길에, 사마리아와 갈릴리 사이로 지나가시게 되었다. 예수께서 어떤 마을에 들어가시다가 나병환자 열 사람을 만나셨다. 그들은 멀찍이 멈추어 서서, 온갖 악성 피부병을 뜻하는 말소리를 높여 말하였다. "예수 선생님, 우리를 불쌍히 여겨 주십시오." 예수께서는 보시고 그들에게 말씀하셨다. "가서, 제사장들에게 너희 몸을 보여라." 그런데 그들이 가는 동안에 몸이 깨끗해졌다. 그런데 그들 가운데 한 사람은 자기의 병이 나은 것을 보고, 큰 소리로 하나님께 영광을 돌리면서 되돌아와서, 예수의 발 앞에 엎드려 감사를 드렸다. 그런데 그는 사마리아 사람이었다. 그래서 예수께서 말씀하셨다. "열 사람이 깨끗해지지 않았느냐? 그런데 아홉 사람은 어디에 있느냐? 하나님께 영광을 돌리러 되돌아온 사람은, 이 이방 사람 한 명밖에 없느냐?" 그런 다음에 그에게 말씀하셨다. "일어나서 가거라. 네 믿음이 너를 구원하였다." (눅 17:11-19)

음미 "일어나서 가거라, 네 믿음이 너를 구원하였다."

1) 먼저 본문의 상황을 마음에 그려 보라. 열 사람의 나병환자는 자신들의 비참한 상황에서 누구를 만났으며, 그에게 무엇을 구했는가?

2) 예수님은 그들에게 어떻게 하라고 하셨는가? 가는 도중에 그들에게 어떤 변화가 일어났는가?

3) 그들 중 사마리아 사람은 어떻게 하였는가? 왜 그가 그러한 행동을 취했다고 생각하는가?

4) 사마리아 사람은 자신의 병 나음을 통해서 무엇을 깨달았는가? 그가 예수님을 통해 발견한 것은 무엇이라고 생각하는가? 그의 기쁨, 그의 찬양은 어떤 동기에서 나왔는가?

5) 이 본문에서 당신이 깨달은 것을 솔직히 적어 보라.

대화

깨달은 내용으로 하나님과 대화하라. 대화의 내용을 간단히 요약해 보라.

머무름

느낀 것을 가지고 조용히 침묵 가운데 머물라.

9 자유의 길

그리스도께서 우리를 해방시켜 주셔서, 자유를 누리게 하셨습니다.
그러므로 굳게 서서, 다시는 종살이의 멍에를 메지 마십시오. −갈라디아서 5장 1절

    사람은 누구나 자유를 원한다. 그리고 자신을 자유인이라고 생각하는 사람이 많다. 그러나 실제로는 자유인이 아니다. 성서에서 말하는 자유는 세상 표준으로 말하는 자유가 아니다. 성서적 관점에서의 자유는 '영적 자유'이다. 삶의 낡은 틀에 얽매어 살아가는 사람, 탐욕에 사로잡혀 살아가는 사람, 시기·미움·질투에 사로잡혀 살아가는 사람, 열등감에 사로잡혀 살아가는 사람, 상처에 깊은 영향을 받고 살아가는 사람들은 자유인이 아니다.

    참 자유하는 삶은 이러한 모든 것으로부터 풀려나는 것을 의미한다. 이러한 것들에서 풀려나는 길은 우리의 힘으로는 불가능하다. '오시는 하나님'으로부터 새로운 삶을 선물받은 사람은 이미 자유의 삶의 길에 들어선 사람이다. 그들은 성령의 능력으로 죄와 죽음의 속박에서 해방을 얻은 사람들이다.

    이 장에서는 이미 자유의 길에 들어선 하나님의 자녀로서 어떻게 다시 '종살이의 멍에'를 메지 않고 진정한 자유인의 삶을 살 수 있는시 탐구하고자 한다. 그 길이 쉽지는 않지만,

우리가 그 길을 포기해서는 안 된다. 그 이유는 우리가 이미 선물로 받은 새로운 삶을 무효화하지 않기 위해서다. '하나님께서 우리에게 주신 새로 태어난 삶'은 매우 값비싼 대가를 지불한 것이다. 이것은 결코 값싼 것이 아니다.

1. 하나님 성품에 참여해 가는 길

새로 태어난 삶은 하나님의 성품에 참여해 가는 삶으로 부름 받은 삶이다. 하나님의 성품에 참여해 가는 삶은 윤리적 완성의 삶이 아니다. 그것은 하나님께서 우리 각자에게 선물로 주신 삶에 참여해 가는 것이다. 하나님의 성품에 참여해 가는 삶은 탐욕의 우상에서 자유롭게 되어 하나님을 아는 지식으로 채워 가는 삶이다. 사도 베드로에 의하면 이 새로운 삶에는 이를 구체적으로 표현해 가는 방법이 필요하다. 그래서 그는 새로운 삶에 따르는 덕을 제시한다. 오시는 하나님으로부터 새로운 삶을 선물로 받은 사람들은 이 덕을 열성을 다하여 실현해 가야 한다.

> 그러므로 여러분은 열성을 다하여 여러분의 믿음에 덕을 더하고, 덕에 지식을 더하고, 지식에 절제를 더하고, 절제에 인내를 더하고, 인내에 경건을 더하고, 경건에 신도 간의 우애를 더하고, 신도 간의 우애에 사랑을 더하도록 하십시오. 이런 것들이 여러분에게 갖추어지고, 또 넉넉해지면, 여러분은 우리 주 예수 그리스도를 아는 일에 게으르거나 열매를 맺지 못하는 사람이 되지 않을 것입니다. (벧후 1:5-8)

의식을 갖고 살아가는 사람, 자신의 내적 고향과 접하고 살아가는 사람, 자신 안에 있는 신성을 의식하고 살아가는 사람은 타락·절망·실패·공허함과 헛됨·참된 삶의 기만과 모독에서 구원된 사람이다. 그는 더 이상 탐욕의 충동에 사로잡히지 않게 된다. 자신이 본 모든 것을 가지지 않아도 된다. 가능한 모든 것을 획득하지 않아도 된다.

그는 하나님께서 자신에게 선사하신 삶에 참여할 수 있다. 그는 다른 사람들이 무엇을 가지고 있는지 엿보지 않아도 된다. 그는 이제 자신에게 있는 신성을 의식한다. 그것은 진실되게 살아가는 것이다. 그는 '밝은 눈'으로 온전히 현재를, 지금을 살기 때문에 집중적으로 살며, 더 이상 필요한 것이 없게 된다. 자기 자신의 탐욕의 힘으로부터 자유롭다는 것은 혹독한 고행의 결과가 아니라 신적인 생명을 새롭게 경험하며 얻은 결과이다.

마이스터 에크하르트는 탐욕으로부터의 자유에 관한 베드로의 둘째 편지의 진술을 이렇게 보증한다. "하나님이 아닌 것을 꺾어 부수고 하나님의 자유에 도달할 때까지, 영혼은 조용히 있지 않는다. 아무것에도 매여 있지 않고 심지어 자기 자신에게도 매여 있지 않는 사람은 자유롭다. 탐욕으로 피조물이나 자기 자신에게 매여 있지 않으면서 하나님 아닌 모든 것을 극복한 영혼은 완전히 자유롭다." (안셀름 그륀, 《너 자신을 아프게 하지 말라》, 성서와함께 역간, 160-161쪽.)

성서 읽기

하나님께서는, 우리가 그를 앎으로 말미암아 생명과 경건에 이르게 하는 모든 것을, 그의 권능으로 우리에게 주셨습니다. 하나님은 우리를 부르셔서 그의 영광과 덕을 누리게 해 주신 분이십니다. 그는 이 영광과 덕으로 귀중하고 아주 위대한 약속들을 우리에게 주셨습니다. 그것은 이 약속들로 말미암아 여러분이 세상에서 정욕 때문에 부패하는 사람이 되는 것이 아니라, 하나님의 성품에 참여하는 사람이 되게 하시려는 것입니다. 그러므로 여러분은 열성을 다하여 여러분의 믿음에 덕을 더하고, 덕에 지식을 더하고, 지식에 절제를 더하고, 절제에 인내를 더하고, 인내에 경건을 더하고, 경건에 신도간의 우애를 더하고, 신도간의 우애에 사랑을 더하도록 하십시오. 이런 것들이 여러분에게 갖추어지고, 또 넉넉해지면, 여러분은 우리 주 예수 그리스도를 아는 일에 게으르거나 열매를 맺지 못하는 사람이 되지 않을 것입니다. 그러나 이런 것들을 갖추지 못한 사람은 근시안이거나 앞을 못 보는 사람입니다. 이런 사람은 자기의 옛 죄가 깨끗하여졌음을 잊어버린 것입니다. 그러므로 형제자매 여러분, 더욱더 힘써서, 여러분이 부르심을 받은 것과 택하심을 받은 것을 굳게 하십시오. 그러면 여러분은 넘어지지 않을 것입니다. 또한 여러분은, 우리의 주님이시며 구주이신 예수 그리스도의 영원한 나라에 들어갈 자격을 충분히 갖출 것입니다. (벧후 1:3-11)

묵상
주제

1) 사도 베드로가 말한, 하나님의 성품에 참여해 가는 덕목을 차례로 적어 보라. 그리고 그 의미가 무엇인지 생각해 보라.

2) 자신의 욕망을 잠재우고 하나님의 성품에 참여해 가면 오히려 우리의 욕구가 충족되지 않는데, 왜 그것이 자유의 길이 될 수 있는가?

3) 하나님의 성품에 참여해 가기 위해 할 수 있는 일은 무엇인가? 그것이 고행이라고 생각하는가? 그렇지 않다면 어떻게 이러한 덕에 도달할 수 있다고 생각하는가?

2 삶의 낡은 틀에서 풀려나기

하나님의 성품에 참여해 가는 길은 자유의 길이다. 그때의 자유는 정치적인 의미의 자유보다 내적인 자유이다. 예수 그리스도는 우리에게 자유를 주시기 위해 십자가에 달려 죽으셨다. 우리가 예수 그리스도를 통해 얻은 구원은 속박에서의 자유이다. 안셀름 그륀에 의하면 우리가 예수 그리스도를 통해 얻은 해방의 의미는 다음과 같은 것들이며 그중에서도 특별히 조상들로부터 물려받은 삶의 낡은 틀에서의 해방이다.

예수 그리스도를 통한 구원은 실재에 이르는 해방이다. 그리스도인들은 무지(無知)의 삶에서(벧전 1:14), 길 잃음에서(2:25), 그리고 어두움에서(2:9) 구출되었다. 그리스도인들은 세상의 결정을 따라가지 말고 그리스도 안에 있어야 한다. 그들은 이 세상에서 이방인들이다. 그리스도인들은 내적 자유를 누리며 세상의 지배를 받지 않은 채 주위 사람들의 잘못된 삶의 틀과 환상들로부터 자유로움을 느끼며 살아가는 사람들이다.

많은 사람들이 부모와 조상들에게서 물려받은 틀로 삶을 결정한다. 그들은 자유롭게 산다고 생각한다. 그러나 실제로는 부모가 내면화시킨 무의식적인 틀을 따를 뿐이다. 많은 사람들이 자신의 틀과 하나님의 뜻을 혼동한다. 그러나 이것은 실제로 하나님의 뜻이 아니라 조상으로부터 물려받은 틀이다. 이를 고통스럽게 인식하는 것만으로는 그 틀에서 해방될 수 없다. 하지만 인식하는 것은 최소한 우리에게 어느 정도 거리를 준다. 내가 틀을 꿰뚫어 보지 못하면 나도 모르는 사이에 틀로 인해 상처를 받게 되고, 그 상처를 통해 언젠가는 자신이 틀에 속아 삶을 빼앗겼다고 느끼게 된다. 그러나 그때 그 틀에서 해방되기에는 너무 늦다.

베드로전서 3장 16절은 그리스도 안에 이루어지는 삶의 변화에 대해서 언급한다. 베드로의 첫째 편지는 그리스도 안에서 이루어지는 삶의 변화를 "조상들로부터 물려받은 그 헛된" 삶의 방식과 대비시킨다. 그리스도께서는 우리를 그 헛된 삶의 방식에서 해방시킨다. "여러분은 조상으로부터 물려받은 여러분의 헛된 생활방식에서 해방되었습니다. 여러분도 아시지만, 그것은 은이나 금과 같은 썩어질 것으로 된 것이 아니라, 흠이 없고 티가 없는 어린 양의 피와 같은 그리스도의 귀한 피로 되었습니다."(벧전 1:10 19)

하인리히 슐리어는 이 구절을 다음과 같이 옮기면서 그리스도께서 어디에서부터 우리를 해방시키셨는지를 밝히고 있다. "여러분을 조상들로부터 물려받은 가짜 삶으로부터."

슐리어는 예수 그리스도를 통한 구원을 이렇게 이해한다. 조상들로부터 물려받은 헛되고 공허한(*mataios*) 삶에서 해방되었다. 마타이오스는 '헛된', '공허한' '무'를 뜻한다. 그것은 존재한다고 사칭했던 그 무엇이 아니라 존재하지도 않은 단지 제멋대로인 것이다. 그래서 아주 비현실적인 삶이고, 가짜 삶이며, 객관적으로 어리석은 삶이다. 그것은 이미 마타이오스라는 말 속에 들어 있다. 왜냐하면 자기 자신에 대한 환상으로 가득 차 있기 때문이다. 우리는 우리의 삶에 대한 환영, 환상을 마야라고 부른다. 믿음은 우리가 만든 이 환상들에서 우리를 해방시킨다. 그 환상은 우리가 원하는 모든 것을 가질 수 있고 만들 수도 있으며 행복과 내적 만족은 우리가 사고 팔 수 있는 재화라는 환상이다. (《너 자신을 아프게 하지 말라》, 121-122, 125, 132, 133, 120-121쪽.)

성서 읽기

그러므로 여러분은 마음을 단단히 먹고 정신을 차려서, 예수 그리스도께서 나타나실 때에 여러분이 받을 은혜를 끝까지 바라고 있으십시오. 순종하는 자녀로서 여러분은 전에 모르고 좇았던 욕망을 따라 살지 말고, 여러분을 불러 주신 그 거룩하신 분을 따라 모든 행실을 거룩하게 하십시오. 성경에 기록하기를 "내가 거룩하니 너희도 거룩하여라" 하였습니다. 그리고 사람을 겉모양으로 판단하지 않으시고 각 사람의 행위대로 심판하시는 분을 여러분이 아버지라고 부르고 있으니, 여러분은 나그네 삶을 사는 동안 두려운 마음으로 살아가십시오. 여러분은 조상으로부터 물려받은 여러분의 헛된 생활방식에서 해방되었습니다. 여러분도 아시지만, 그것은 은이나 금과 같은 썩어질 것으로 된 것이 아니라, 흠이 없고 티가 없는 어린 양의 피와 같은 그리스도의 귀한 피로 되었습니다. 하나님께서는 이 그리스도를 세상이 창조되기 전에 미리 아셨고, 이 마지막 때에 여러분을 위하여 나타내셨습니다. 여러분은 그리스도로 말미암아 하나님을 믿고 있습니다. 하나님은 그리스도를 죽은 사람 가운데서 살리시고 그에게 영광을 주셨습니다. 그래서 여러분의 믿음과 소망은 하나님을 향해 있습니다. (벧전 1:13-21)

묵상 주제

1) 사도 베드로는 우리의 삶을 어떻게 이해하고 있는가? 그리고 그러한 삶을 사는 동안 어떻게 살아가라고 했는가?

2) 조상들로부터 물려받은 낡은 삶의 틀을 찾아보라. 그것은 지금까지 당신의 삶에 어떤 영향을 끼치고 있는가?

3) 예수 그리스도로 인해 구원받았다는 것은 구체적으로 무엇에서 해방되었음을 의미하는지 조용히 묵상 가운데 기록해 보라.

3. 침해받지 않는 삶의 공간

그리스도 안에 있는 사람은 상처, 허물, 실수가 있는 자기 자신과 함께 산다. 그러나 죄의 종으로 살지는 않는다.

사람들은 자신에 대한 평가를 스스로 하지 못하고 타인의 말과 행동에 의해 영향을 받는다. 다른 사람이 나를 좋은 사람이라고 하면 나는 곧 좋은 사람이며, 나쁜 사람이라고 하면 깊은 절망감에 빠진다. 내가 한 일이 다른 사람에게 칭찬을 받으면 그 칭찬이 곧 자기 자신이 된다. 하지만 반대로 그로 인해 비난이나 비판을 받게 되면 분개하며 좌절한다.

사람들이 외적 요인에 의해 자신을 규정하고 영향을 받게 되는 것은, 다른 사람과 자신의 실수로부터 침해받지 않을 수 있는 자기만의 내적 자유 공간을 발견하지 못하기 때문이다. 그의 실존 자체가 타율에 의해 규정되고 영향 받기 때문에 피곤하고 마음의 평강을 갖지 못한다.

경건하게 살고자 하는 신자들의 경우, 자기가 정해 놓은 신앙의 규범을 잘 지켜 나갈 때 스스로 안정과 믿음을 가진 것처럼 느낀다. 그 정도면 어떤 시험이나 유혹도 이길 수 있을 것 같은 자신감이 생긴다. 그러다가 그가 생각하는 대로 살지 못하고 실수나 잘못을 하였을 때 그의 기반은 완전히 무너진다. 그의 상처, 실수, 죄가 곧 자기 자신이 된다. 나는 나의 상처며, 나는 악마며, 나는 추한 인간이며, 나는 나쁜 사람이라고 스스로 단정해 버린다.

우리는 희망적인 복음을 듣는다. 우리가 다른 사람의 칭찬, 인정, 비방, 자신의 실수, 죄, 상처, 업적에 의해 규정되지 않을 뿐만 아니라, 그러한 것들에 의해 영향 받지 않고 살아갈 수 있는 자유로운 공간을 발견하도록 하는 희망의 복음이 있다.

사람이면 누구나 그 자신의 부정적인 생의 역사, 다른 사람에게 드러낼 수 없는 상처, 알려지면 체면이 손상되는 실수, 다른 사람을 실망시키는 끊지 못하는 부끄러운 습관을 갖고 있다.

그럼에도 지금 이 순간, 나는 내 자신을 용납하고 사랑할 수 있는 분명한 이유가 있다. 그

근거는 내게 또는 다른 사람의 평가에 있지 않고 하나님께 있다. 하나님께서는 내가 아직 죄인으로 있을 때 나를 의롭다 하시고 하나님과 화해하게 하셨으며 나를 저주의 자리에서 나오게 하시고 하나님의 영광의 자리에 이르게 될 소망의 사람이 되게 하셨다(롬 5:8).

현재 나는 전적으로 하나님에 의해 규정된다. 하나님은 나를 멸망의 자녀로 규정하지 않으시고 '내 삶의 최종 목적지를 하나님의 보좌로', '내 삶의 최종 목적지가 하나님의 보좌에 초대된 사람이 되게끔' 바꿔 놓으셨다. 현재 나는 하나님에 의해 용서되고 받아들여지고 화해되고 치유되어 가며 상실된 것을 보상받아 가고 있다. 나의 미래는 지옥이 아니며 하나님 영광의 보좌이다. 이러한 희망의 새 삶은 예수 그리스도를 통해 하나님께서 나에게 값없이 주신 은혜의 선물이다. 우리는 예수님 안에서 그 어떤 외적인 것들로부터 침해받지 않을 수 있는 자유의 공간을 발견하게 된다.

나는 그 공간에서 나의 분노, 나의 두려움, 나의 죄, 나의 실수, 나의 상처를 숨기거나 판단하지 않고 바라본다. 내겐 상처가 있다. 그러나 나는 상처 그 자체가 아니다. 나는 실수를 한다. 그러나 나는 실수 그 자체가 아니다. 나는 연약하여 죄를 범한다. 그러나 나는 죄 그 자체가 아니다. 나는 내가 발견한 그 자유의 공간에서 이러한 모든 것을 객관적으로 바라보게 된다.

성서 읽기

그러므로 우리는 믿음으로 의롭다 하심을 받았으므로, 우리 주 예수 그리스도로 말미암아 하나님과 더불어 평화를 누리고 있습니다. 우리는 또한, 그리스도로 말미암아 지금 서 있는 이 은혜의 자리에 [믿음으로] 나아오게 되었으며, 하나님의 영광에 이르게 될 소망을 품고 자랑을 합니다. 그뿐만 아니라, 우리는 환난을 자랑합니다. 우리가 알기로, 환난은 인내력을 낳고, 인내력은 단련된 인격을 낳고, 단련된 인격은 희망을 낳는 줄을 알고 있기 때문입니다. 이 희망은 우리를 실망시키지 않습니다. 하나님께서 우리에게 주신 성령을 통하여 그의 사랑을 우리 마음속에 부어 주셨기 때문입니다. 우리가 아직 약할 때에, 그리스도께서는 제 때에, 경건하지 않은 사람을 위하여 죽으셨습니다. 의인을 위해서라도 죽을 사람은 거의 없습니다. 더욱이 선한 사람을 위해서라도 감히 죽을 사람은 드뭅니다. 그러나 우리가 아직 죄인이었을 때에, 그리스도께서 우리를 위하여 죽으셨습니다. 이리하여 하나님께서는 우리들에 대한 자기의 사랑을 실증하셨습니다. (롬 5:1-8)

묵상
주제

1) 당신을 어떤 사람이라고 생각하며 살고 있는가? 때때로 찾아오는 분노, 실망은 어디에서 연유한 것인가?

2) "우리가 아직 죄인 되었을 때"라는 말은 우리 자신을 있는 그대로 받아들일 수 있는 근거가 된다. 당신을 죄인이며 치유가 필요한 사람으로 인정하는가?

3) "나는 하나님에 의해 용서되고 받아들여진 사람이라는 사실"은 당신에 대한 평가를 새롭게 할 수 있는 근거가 된다. 이제 당신은 다른 사람에 의해 규정되는 사람이 아니며 하나님의 사랑하는 자녀가 되었다는 사실에서 사신을 평가힐 수 있게 되었다. 이 시

실을 조용히 묵상해 보라.

....
....
....
....

4. 장애의식으로부터 자유

예루살렘에 베데스다 못이 있었는데 거기에는 주랑이 다섯 있었다. 이 주랑 안에 시각장애인, 신체장애인, 중풍병자 등 수많은 병자들이 누워 있었고, 그들은 물이 움직이기를 기다리고 있었다. 이따금 주의 천사가 그곳에 내려와 물을 휘젓곤 하였는데 물이 움직일 때에 맨 먼저 못에 들어가는 사람은 '무슨 병이라도 다 나았다'고 한다. 유대인들은 그 물이 치유 능력을 가지고 있다고 믿었고, 특히 물이 움직일 때와 그 못을 더 생기 있게 만드는 물이 지하에서 솟아날 때, 그 능력이 가장 많이 발휘된다고 믿었다.

예수께서는 그곳에 나타나 38년이나 앓고 있는 사람을 만나신다. 그는 오랜 기간 중풍으로 자리에 누워 있었다. 특별히 복음서 기자가 병을 앓은 기간을 강조하는 것은 이 병자에게 거의 가망이 없음을 말하려는 것이다. 예수님은 그 사람을 보시고 "네가 낫고자 하느냐?"고 물으신다. 오래된 병자에게 "낫고자 하느냐"라는 질문은 대답이 필요 없는 물음이다. 그런데 예수님은 그러한 물음을 던지셨다. 그러자 그 사람은 이렇게 대답한다. "주님, 물이 움직일 때에, 나를 들어서 못에 넣어 주는 사람이 없습니다. 내가 가는 동안에, 남들이 나보다 먼저 못에 들어갑니다."

예수님은 우리에게 '너 자신의 삶에서 원하는 것이 무엇이냐?'고 물으신다. '네가 지금 내세우고 있는 정의, 사랑, 책임 같은 것들은 체면용 가면이 아니냐? 네가 진정, 평화, 사랑을 원하느냐? 너의 희생, 너의 책임이 따르는 그러한 삶을 원하느냐? 네가 진정 즐기는 삶이 무엇이냐? 네가 진정 머물고 싶은 삶의 자리가 어디냐?'고 물으신다. "네가 낫고자 하느냐?"라는 질문은 핑계를 대며 스스로 일어나 걷기를 거부하는 사람들에게 던지는 물음인 것이다.

내가 다른 사람보다 더 낫기 때문에 사는 것이 아니다. 내가 사는 것은 나만이 살아갈 삶의 이유를 하나님께서 주셨기 때문에, 그렇게 살 수 있도록 필요한 것을 주셨기 때문에, 하나님께서 나를 인정하시고 나를 부르고 계시기 때문이다.

중풍병자는 육체적인 병보다 마음의 병이 더 깊었다. 그는 병든 마음으로 38년을 살았다. 그는 핑계와 비교에 너무 깊이 젖어 있었고, 이런 삶을 내면으로 즐기고 있었다. 그런데 어느 날, 더 이상 이와 같은 삶에 머물러 있을 수 없는 단도직입적인 물음을 예수께 받게 되었다. 예수님은 그가 핑계와 비교에 젖은 상태에 머물러 있는 것을 허락하지 않으신 것이다.

예수님은 병자에게 말씀하셨다. "일어나서 네 자리를 걷어 가지고 걸어가거라."

이 말씀에 담긴 뜻은 '이제는 더 이상 비교도 하지 말고, 울지도 말고, 원망하지도 말고, 한숨을 내쉬지도 말고, 네 몸을 일으켜 세워라, 꼿꼿이 서라! 너는 갈 수 있다. 너는 할 수 있다. 네가 살아야 할 삶의 자리는 그곳이 아니다'이다.

그 병자는 자기의 자리를 걷은 후 걸어갔다. 그는 자신의 핑계의 자리에 더 이상 머물러 있지 않고 그것을 둘둘 말아 옆구리에 끼고 걸어갔다. 병적인 증세가 그에게서 빠져나간 것이 아니다. 예수님을 만난 이후 핑계와 비교 의식이 더 이상 그를 사로잡지 못한 것이다. 그 전에는 거기에 사로잡혀 있었다. 그는 정직하지 못했다. 그러나 예수님을 만난 후 더 이상 어떤 변명도 그의 삶을 방해하지 못하였다.

성서 읽기

그 뒤에 유대 사람의 명절이 되어서, 예수께서 예루살렘으로 올라가셨다. 예루살렘에 있는 '양의 문' 곁에, 히브리 말로 베드자다라는 못이 있는데, 거기에는 주랑이 다섯 있었다. 이 주랑 안에는 많은 환자들, 곧 눈먼 사람들과 다리 저는 사람들과 중풍병자들이 누워 있었다. [그들은 물이 움직이기를 기다리고 있었다. 주님의 천사가 때때로 못에 내려와 물을 휘저어 놓는데 물이 움직인 뒤에 맨 먼저 들어가는 사람은 무슨 병에 걸렸든지 나았기 때문이다.] 거기에는 서른여덟 해가 된 병자 한 사람이 있었다. 예수께서 누워 있는 그 사람을 보시고, 또 이미 오랜 세월을 그렇게 보내고 있는 것을 아시고는 물으셨다. "낫고 싶으냐?" 그 병자가 대답하였다. "주님, 물이 움직일 때에, 나를 들어서 못에다가 넣어 주는 사람이 없습니다. 내가 가는 동안에, 남들이 나보다 먼저 못에 들어갑니다." 예수께서 그에게 말씀하셨다. "일어나서 네 자리를 걷어 가지고 걸어가거라." 그 사람은 곧 나아서, 자리를 걷어 가지고 걸어갔다. 그날은 안식일이었다. 그래서 유대 사람들은 병이 나은 사람에게 말하였다. "오늘은 안식일이니, 자리를 들고 가는 것은 옳지 않소." 그 사람이 대답하였다. "나를 낫게 해 주신 분이 나더러, '네 자리를 걷어 가지고 걸어가거라' 하셨소." 유대 사람들이 물었다. "그대에게 자리를 걷어 가지고 걸어가라고 말한 사람이 누구요?" 그런데 병 나은 사람은, 자기를 고쳐 주신 분이 누구인지를 알지 못하였다. 거기에는 사람들이 많이 붐비었고, 예수께서는 그곳을 빠져나가셨기 때문이다. 그 뒤에 예수께서 성전에서 그 사람을 만나서 말씀하셨다. "보시오. 네가 말끔히 나았다. 다시는 죄를 짓지 말라. 그리하여 더 나쁜 일이 너에게 생기지 않도록 하여라." 그 사람은 가서, 자기를 낫게 하여 주신 분이 예수라고 유대 사람들에게 말하였다. 그 일로 유대 사람들은, 예수께서 안식일에 그러한 일을 하신다고 해서, 그를 박해하였다. 그러나 [예수]께서는 그들에게 말씀하셨다. "내 아버지께서 이제까지 일하고 계시니, 나도 일한다." 유대 사람들은 이 말씀 때문에 더욱더 예수를 죽이려고 하였다. 그것은, 예수께서 안식일을 범하셨을 뿐만 아니라, 하나님을 자기 아버지라고 불러서,

자기를 하나님과 동등한 위치에 놓으셨기 때문이다. (요 5:1-18)

묵상 주제

1) 당신은 어떤 유형의 장애의식을 가졌다고 생각하는가? 그러한 자리에 머물러 있는 기간이 얼마나 되었는가?

2) 지금까지 헛되이 살았다고 생각하는가? 그 원인이 어디에 있는가?

3) "네 자리를 걷어 가지고 걸어가거라"는 주님의 말씀을 묵상해 보라. 어떤 의미의 말씀으로 들리는가?

5. 하나님과 함께 시작한 삶의 여정

자신의 생이 끝나감을 두려워하지 말고, 새로운 시작을 하지 못하고 있음을 두려워하라.

자연의 계절이 바뀌면서 사람은 누구나 또 다른 인생의 문턱을 넘어야 한다. 그러한 과정이 거듭되면서 결국 생의 마지막에 도달하게 된다. 그러한 생의 여정에서 한 번도 새로운 시작 없이 생의 마지막을 맞이하는 사람은 그에게 다가오는 마지막 시간을 두려워한다.

지난날 나의 생애에서도 새로운 시작이 있었다. 그 새로운 시작은 현실에서의 갈등, 열등감, 목마름, 훌륭하게 살아간 성인들의 전기를 읽고 받은 자극들이 동기가 되었다. 나는 나름대로 작성한 생의 규칙, 좌우명을 가지고 그것을 실천하기로 굳게 결심하는 데서부터 새롭게 시작했다. 그러다 보니 나는 내가 만든 생활 원칙에 얽매어 그것을 어기면 마치 큰 죄를 짓는 것처럼 생각하기도 했다.

특별히 이 과정에서의 고민은, 새로운 결심이 어느 정도 되어 가는 듯하다가 곧 실패해 걸려 넘어지고, 다시 결심하고 시작하다 또 무너지곤 하는 것이었다. 생각하는 대로의 진전은 없고, 주기적 반복에서 맴돌았다. 결국 나중에 알게 된 것은 내 시작이 하나님 중심이 아닌 '자아중심'이었다는 것이다. 그때 나는 하나님을 섬긴 것이 아니고 내가 만들어 놓은 생활신조를 섬겼다.

기독교 신앙에서 새로운 시작은 자아실현이 아니다. 기독교 신앙에서 새로운 시작은 하나님과 함께 시작해서 하나님께 함께 마감하게 된다. 기독교 역사에 등장하는 사도들, 교부들, 성인들에게는 공통적으로 새로운 시작이 있었다. 그들의 새로운 시작은 자아실현이 아닌, 하나님과 함께 시작하는 새로운 생의 여정이었다. 그들의 새로운 시작은 자신의 자아의 집을 지어 가는 것이 아닌, 하나님의 부르심에 일치시켜 가는 것이었다.

기독교 신앙에서 새로운 시작은, 하나님과 함께 시작하는 새로운 생의 여정이기에 먼저 하나님과의 화해가 전제되어야 한다. 하나님과의 화해는 나 자신과의 화해를 이룬다. 하나님과의 화해를 이루지 못한 사람은 자기 자신과도 화해를 이루지 못하고 살아간다. 나 자신과 화해를 이룬다는 것은 내가 소외한 나를 받아들이는 것을 의미한다.

하나님은 내가 말하지 않고 있는 나의 상처, 나의 약점, 나의 비밀, 나의 어두운 면을 통해서 내게 찾아오신다. 하나님은 상처 입은 나, 갈급함과 상실감으로 고통 받는 나를 사랑하신다. 하나님은 나와 다르다. 나는 겉보기에 아름다운 것, 사회적 지위가 있는 것, 부유한 것, 잘 가꾼 것을 선호한다. 그러나 하나님은 그렇지 않다. 자신의 상처 때문에 아파하는 사람, 자신의 어두운 면을 거부하지 않고 받아들이는 사람을 좋아하신다. 하나님을 만날 수 있는 장소가 나의 상처, 나의 어두운 그림자, 나의 실수, 나의 죄이기 때문이다.

안셀름 그륀은 "우리가 우리 자신에게 솔직해져 자신의 고통들에 대하여 대화할 때 비로소 우리를 영으로 감싸고 있는 하나님께 도달한다. 우리가 처해 있는 실재적인 상황에 대해 말하는 중에 하나님은 우리에게 직접 다가오셔서 체험할 수 있는 존재가 되어 주신다"라고 했다.

성서 읽기

주님께서 아브람에게 말씀하셨다. "너는, 네가 살고 있는 땅과, 네가 난 곳과, 너의 아버지의 집을 떠나서, 내가 보여 주는 땅으로 가거라. 내가 너로 큰 민족이 되게 하고, 너에게 복을 주어서, 네가 크게 이름을 떨치게 하겠다. 너는 복의 근원이 될 것이다. 너를 축복하는 사람에게는 내가 복을 베풀고, 너를 저주하는 사람에게는 내가 저주를 내릴 것이다. 땅에 사는 모든 민족이 너로 말미암아 복을 받을 것이다." 아브람은 주님께서 말씀하신 대로 길을 떠났다. 롯도 그와 함께 길을 떠났다. 아브람이 하란을 떠날 때에, 나이는 일흔다섯이었다. 아브람은 아내 사래와 조카 롯과 하란에서 모은 재산과 거기에서 얻은 사람들을 거느리고, 가나안 땅으로 가려고 길을 떠나서, 마침내 가나안 땅에 이르렀다. 아브람은 그 땅을 지나서, 세겜 땅 곧 모레의 상수리나무가 있는 곳에 이르렀다. 그때에 그 땅에는 가나안 사람들이 살고 있었다. 주님께서 아브람에게 나타나셔서 말씀하셨다. "내가 너의 자손에게 이 땅을 주겠다." 아브람은 거기에서 자기에게 나타나신 주님께 제단을 쌓아서 바쳤다. 아브람은 또 거기에서 떠나, 베델의 동쪽에 있는 산간지방으로 옮겨 가서 장막을 쳤다. 서쪽은 베델이고 동쪽은 아이이다. 아브람은 거기에서도 제단을 쌓아서, 주님께 바치고, 주님의 이름을 부르며 예배를 드렸다. 아브람은 또 길을 떠나, 줄곧 남쪽으로 가서, 네겝에 이르렀다. (창 12:1-9)

묵상 주제

1) 아브라함에게는 생의 새로운 시작이 어떻게 이루어졌는지 자세히 검토해 보라. 그 시작은 누구와 함께하는 여정이었는가?

2) 지금까지 살아오면서 새로운 시작이 있었는가? 있었다면 그때가 언제였는가? 그것이 지금까지 지속돼 오고 있는가?

3) 기독교 신앙에서 말하는 새로운 시작과 일반 심리학에서 말하는 자아실현은 어떻게 다르다고 생각하는가?

4) 지금까지의 생애에서 새로운 시작이 없었다면 지금 시작해 보라. 그 시작을 누구와 함께할지 묵상해 보라.

10. 하나님의 선물 – 영적 선물

> 온갖 좋은 선물과 모든 완전한 은사는 위에서, 곧 빛들을 지으신 아버지께로부터 내려옵니다. 아버지께는 이러 저러한 변함이나 회전하는 그림자가 없으십니다.
> – 야고보서 1장 17절

    삶은 하나님의 선물이다. 그런데 하나님의 선물인 삶이 훼손되었다. 자연환경의 파괴, 사회질서의 혼란, 타락된 문화, 인간 실존의 훼손으로 인한 믿음의 상실, 사랑할 수 있는 능력의 상실, 쉽게 유혹에 빠짐, 자기중심, 피조적인 것들에 대한 탐닉은 삶의 훼손을 말해 준다.

    '오시는 하나님'에게는 새로운 삶이 있다. 새로운 삶은 새로 태어남에서 시작된다. 새로 태어난 삶은 하나님께서 주시는 것으로 산다. 하나님께서는 새로 태어난 삶이 계속 자라게 하신다. 하나님 자녀의 형체는 계속해서 자라는 것 가운데 있다.

    새로 태어난 삶은 하나님의 선물이다. 하나님의 선물인 새로 태어난 삶에는 훼손된 삶에서 찾아볼 수 없는 아름다운 품성들이 있다. 그러한 것들은 인간들이 만들어 내는 것이 아닌 하나님의 선물이다. 그러한 선물들은 계속적으로 자라나는 가운데 나타난다. 이 장에서는 그러한 품성들을 다루게 된다. 새로운 삶에 포함되는 이러한 품성들은 우리의 삶을 더욱 거룩하고 아름답게 형성시켜 간다. 또 이러한 품성들은 하나님의 선물이지만 영적훈련을 통해 이루어진다.

영적인 훈련은 하나님과 인간이 어우러져 내는 시너지(synergy)의 산물이다. 이것은 은혜의 도구로 작용해서 우리의 인격을 그리스도의 주 되심과 성령의 지배 아래 온전히 드릴 수 있게 한다. 훈련함으로써 몸과 마음과 기질을 하나님 앞에 드리고, 그와 같이 변화되도록 은혜를 구하는 것이다. 이런 식으로 우리는 능력 있는 천국의 삶을 배워 간다. 이 훈련은 능동적이면서도 수동적이고, 주도적이면서도 피동적이다. 내주하시는 성령의 능력을 힘입는 것이다. 성령은 우리 안에서 우리를 통하여 그리스도의 삶을 나타내신다. 그러므로 우리는 힘써 훈련해야 한다. 동시에 하나님으로부터 오는 모든 은혜를 받아야 한다. 하나님의 만지심을 통해 우리 삶에 생명력이 생기고 하나님을 기쁘시게 하는 습관이 형성된다. (케네스 보아,《기독교 영성, 그 열두 스펙트럼》, 디모데 역간, 87, 88쪽.)

1. 온유   "온유한 사람은 복이 있다. 그들이 땅을 차지할 것이다." (마 5:5)

온유란 단어는 현대인들에게 그렇게 호감을 주는 말이 아니다. 온유한 사람이라 할 때 일반적으로 상상하는 인간상은 패기가 없는 사람, 줏대가 없는 나약한 사람이다. 온유란 말은 '길들인다'는 뜻을 갖고 있다.

길들어진 사람은 그를 길들인 사람에 의해 그의 인격이 형성된 것이므로, 그 책임이 길들인 사람에게 있다.

하나님께서 예수 그리스도 안에서 인간과 관계를 맺어 오셨으며, 그리고 그 관계는 아름다움을 베풀어 주고 남자들과 여자들의 야만적인 욕망들과 사악한 교만과 무서운 잔인성을 길들이기 위한 의도였다고 믿는다. 더욱이 하나님께서는 그리스도의 사랑 안에서 길들어진 자들을 결코 저버리시지 않는다. 하나님이 제공해 주시는 관계를 받아들이는 것과 하나님의 현존을 불멸의 실재로 깨닫는 것이 어느 누구에게나 좀처럼 용이한 일은 아니다. 사랑 안에서 길들어지는 것은 사람이 생각하고 행동하는 방식을 변화시킨다. 그리고 그것은 길들이는 자에 대한 의무들과 충성을 가지게 해 주며, 그리고 길들임을 받는 자들에 대한 관심을 가지게 해 준다. (엘리엇 라이트, 《산상수훈의 공동체》, 컨콜디아사 역간, 106쪽.)

하나님께 길들어진 자들에게는 다음과 같은 특성들이 있다.

- 외적으로 부드러우면서도 내적으로 강하다.
- 확고한 생의 목적을 가지고 있으면서도 독선적이 아니다.
- 줏대가 없어 보이면서도 그 나름대로 확고한 생의 목적과 의미를 가지고 살아간다.
- 언제나 내적 자유함이 있다.

이상과 같은 인격의 특성은 하나님을 확고하게 신뢰하고 그에게만 충실하게 살아가고자 하는 결과로 나타나는 은혜의 선물이다. 그러한 자들이 복이 있는 자들이다. (임영수, 《임영수 목사의 나누고 싶은 이야기》, 홍성사, 253쪽.)

성서 읽기

여러분은 죄와 맞서서 싸우지만, 아직 피를 흘리기까지 대항한 일은 없습니다. 또 여러분은, 하나님께서 여러분을 향하여 자녀에게 말하듯이 하신 이 권면을 잊었습니다. "내 아들아, 주님의 징계를 가볍게 여기지 말고, 그에게 꾸지람을 들을 때에 낙심하지 말라. 주님께서는 사랑하시는 사람을 징계하시고, 받아들이시는 아들마다 채찍질하신다." 징계를 받을 때에 참아 내십시오. 하나님께서는 자녀에게 대하시듯이 여러분에게 대하십니다. 아버지가 징계하지 않는 자녀가 어디에 있겠습니까? 모든 자녀가 받은 징계를 여러분이 받지 않는다고 하면, 여러분은 사생아이지, 참 자녀가 아닙니다. 우리가 육신의 아버지도 훈육자로 모시고 공경하거든, 하물며 영들의 아버지께 복종하고 살아야 한다는 것은 더욱더 당연한 일이 아니겠습니까? 육신의 아버지는 잠시 동안 자기들의 생각대로 우리를 징계하였지만, 하나님께서는 우리를 자기의 거룩하심에 참여하게 하시려고, 우리에게 유익이 되도록 징계하십니다. 무릇 징계는 어떤 것이든지 그 당시에는 즐거움이 아니라 괴로움으로 여겨지지만, 나중에는 이것으로 훈련받은 사람들에게 정의의 평화로운 열매를 맺게 합니다. 그러므로 여러분은 나른한 손과 힘 빠진 무릎을 일으켜 세우고, 똑바로 걸으십시오. 그래서 절름거리는 다리로 하여금 삐지 않게 하고, 오히려 낫게 하십시오. (히 12:4-13)

묵상
주제

1) 온유와 내향적인 성격은 어떤 점에서 다른가?

2) 온유한 품성은 누구에게 복종해 가는 훈련이 있어야 형성되는가?

3) 하나님께서 그가 사랑하는 사람들을 훈련하시는 목적이 어디에 있다고 생각하는가?

4) 온유한 품성을 형성하기 위한 훈련의 시금석이 어디에 있다고 생각하는가? 어디에서 부터 시작해야 하는가?

5) 성경에서는 온유한 자들이 땅을 차지한다고 했는데, 그 이유는 무엇인가?

2 겸손

안셀름 그륀은 겸손에 대해 다음과 같이 말한다. "우리는 겸손을 자신을 낮춰 작은 존재로 만듦으로써 획득하는 덕행으로 이해하지 않도록 조심해야 한다. 겸손은 우선적으로 하나의 종교적인 기본자세를 의미하지, 사회적 덕행을 의미하는 것이 아니다. 겸손을 뜻하는 독일어 데무트(Demut)는 우리에게 잘못된 방향을 알려 주고 있다. 데무트(Demut)는 '기꺼이 남을 도와주길 좋아하는'이란 뜻을 가진 고대 독일어 아드디오무오띠(ahd diomuoti)라는 '봉사'에서 파생된 말로서 타인에 대해 갖는 자세, 즉 봉사하는 사회적 덕행을 지칭한다. 겸손은 하나님을 향한 자세를 지칭하는 것이고 종교적인 덕행이다. 성서의 전통과 교부들은, 겸손을 윤리적 덕행이나 사회적 덕행이 아니라 종교적 자세로 여겼다. 그러므로 겸손에 대한 장에서는 수도자들이 걸어가야 할 덕행의 길에 대해 서술한 것이 아니라 영성의 길, 내적인 길, 인간적인 성숙의 길, 관상의 길, 그리고 점점 더 늘어나는 하나님과의 체험의 길에 대해 서술했다."

겸손은 자신보다 더 뛰어난 능력이나 지위를 가진 사람에 대하여 그렇지 못한 사람이 가지는 하나의 상대성에서 유발되는 행위가 아니라, 자신의 힘으로 구원에 이를 수 없음을 경험한 인간이 하나님께 대하여 가지는 기초적이고 근본적인 자세이다. 여기서 겸손은 인간이 가진 제한성을 인식하는 것에 근원을 두고 있다. 이 제한성은 단순히 인간이 지닌 힘들이 제한되어 있는 것만을 의미하는 중립적인 것이 아니라, 더 나아가 훨씬 더 깊은 의미를 지닌 인간의 무의미성까지, 인간이 궁극적으로는 아무것도 아닌 존재라는 것까지 의미하는 것이다. (《아래로부터의 영성》, 11, 41, 43쪽.)

성서 읽기

그러므로 그리스도 안에서 여러분에게 무슨 격려나, 사랑의 무슨 위로나, 성령의 무슨 교제나, 무슨 동정심과 자비가 있거든, 여러분은 같은 생각을 품고, 같은 사랑을 가지고, 뜻을 합하여 한마음이 되어서, 내 기쁨이 넘치게 해 주십시오. 무슨 일을 하든지, 경쟁심이나 허영으로 하지 말고, 겸손한 마음으로 하고, 자기보다 서로 남을 낫게 여기십시오. 또한 여러분은 자기 일만 돌보지 말고, 서로 다른 사람들의 일도 돌보아 주십시오. 여러분 안에 이 마음을 품으십시오. 그것은 곧 그리스도 예수의 마음이기도 합니다. 그는 하나님의 모습을 지니셨으나, 하나님과 동등함을 당연하게 생각하지 않으시고, 오히려 자기를 비워서 종의 모습을 취하시고, 사람과 같이 되셨습니다. 그는 사람의 모양으로 나타나셔서, 자기를 낮추시고, 죽기까지 순종하셨으니, 곧 십자가에 죽기까지 하셨습니다. 그러므로 하나님께서는 그를 지극히 높이시고, 모든 이름 위에 뛰어난 이름을 그에게 주셨습니다. 그리하여 하늘과 땅 위와 땅 아래 있는 모든 것들이 예수의 이름 앞에 무릎을 꿇고, 모두가 예수 그리스도는 주님이시라고 고백하여, 하나님 아버지께 영광을 돌리게 하셨습니다. (빌 2:1-11)

묵상 주제

1) 공동체 안에서 겸손은 구체적으로 어떻게 나타나야 하는가? 바울은 그것에 대해 무엇이라고 말했는가?

....
....
....
....

2) 예수님께서 보여 주신 겸손은 구체적으로 어떤 모습이었는가? 묵상하는 가운데 기록해 보라.

3) 당신이 지금까지 이해해 온 겸손은 어떤 것이었는가? 영성생활에서 겸손이 왜 필요한가?

4) 겸손의 시금석은 어디에 있는가? 겸손의 훈련은 어디에서부터 시작되어야 하는가?

3. 단순성

"그렇다. 다만 내가 깨달은 것은 이것이다. 하나님은 우리 사람을 평범하고 단순하게 만드셨지만, 우리가 우리 자신을 복잡하게 만들어 버렸다는 것이다." (전 7:29)

단순성은 하나님을 깊이 신뢰하는 가운데서 내일의 염려에서 자유롭게 되는 것이다. 예수께서는 "목숨을 부지하려고 무엇을 먹을까 또는 무엇을 마실까 걱정하지 말고, 몸을 감싸려고 무엇을 입을까 걱정하지 말라"(마 6:25)고 하셨다. 내일의 염려에서 해방되는 길은 하나님을 깊이 신뢰하는 믿음에서 이루어진다. 우리가 하나님을 신뢰하지 못할 때 많은 염려와 궁리를 하게 되고, 내일을 위해 많은 것을 준비해 놓으려고 한다. 그러다 보면 삶이 복잡해지고 염려와 근심 가운데서 헤어 나오지 못하게 된다. 기독교의 단순성은 금욕주의는 아니다. 금욕주의는 이원론(Dualism)에 근거한다. 기독교의 단순성은 하나님께서 창조하신 세상은 보시기에 좋았다는 말씀에 근거한다.

현대 문화는 소유욕으로 병들어 있다. 행복한 삶이란 부(富)의 축적에 있고 그래서 '많으면 많을수록 좋다'는 터무니없는 허풍이 난무한다. 사실 우리는 그러한 통념을 이의 없이 받아들일 때가 많으며, 그 결과 현대 사회에서 부에 대한 욕심은 삶의 진실과는 동떨어진 정신질환이 되고 말았다. 현대 세계의 속도는 우리의 단절감과 소외감을 가중시킨다. 기독교 단순성은 현대의 이 열병에서 우리를 자유하게 한다. 그것은 우리의 강박적 무절제에 제정신을 찾아 주고, 흥분에 들뜬 정신에 평화를 가져다주며, 윌리엄 펜(William Penn)이 말한 '장애물'에서 우리를 해방시켜 준다. 단순성을 통해 우리는 물질의 정체를—삶을 짓누르는 것이 아니라 삶을 향상시켜 주는 재화로—볼 수 있다.

기독교 단순성은 우리를 섬기려고 위협하는 생태계 파괴와 응수히기 위해 일어난 일시적 유행이 아니며 비대해진 전문 관료집단에 대한 회의에서 비롯된 것도 아니다. 그것은 모든 그리스도인에게 주어진 소명이다. 기독교 단순성은 삶의 질서정연한 복잡성과 조화를 이룬다. 그것은 까다롭고 정교한 문제에 쉽고 독단적인 답을 거부한다. (리처드 포스터, 《심플라이프》, 규장 역간, 13, 14, 16쪽.)

성서 읽기

그러므로 내가 너희에게 말한다. 목숨을 부지하려고 무엇을 먹을까 또는 무엇을 마실까 걱정하지 말고, 몸을 감싸려고 무엇을 입을까 걱정하지 말라. 목숨이 음식보다 소중하지 아니하냐? 몸이 옷보다 소중하지 아니하냐? 공중의 새를 보아라. 씨를 뿌리지도 않고, 거두지도 않고, 곳간에 모아들이지도 않으나, 너희의 하늘 아버지께서 그것들을 먹이신다. 너희는 새보다 귀하지 아니하냐? 너희 가운데서 누가, 걱정을 해서, 자기 수명을 한순간인들 늘일 수 있느냐? 어찌하여 너희는 옷 걱정을 하느냐? 들의 백합화가 어떻게 자라는가 살펴보아라. 수고도 하지 않고, 길쌈도 하지 않는다. 그러나 내가 너희에게 말한다. 온갖 영화로 차려 입은 솔로몬도 이 꽃 하나와 같이 잘 입지는 못하였다. 오늘 있다가 내일 아궁이에 들어갈 들풀도 하나님께서 이와 같이 입히시거든, 하물며 너희들을 입히시지 않겠느냐? 믿음이 적은 사람들아! 그러므로 무엇을 먹을까, 무엇을 마실까, 무엇을 입을까, 하고 걱정하지 말라. 이 모든 것은 모두 이방사람들이 구하는 것이요, 너희의 하늘 아버지께서는, 이 모든 것이 너희에게 필요하다는 것을 아신다. 너희는 먼저 하나님의 나라와 하나님의 의를 구하여라. 그리하면 이 모든 것을 너희에게 더하여 주실 것이다. 그러므로 내일 일을 걱정하지 말라. 내일 걱정은 내일이 맡아서 할 것이다. 한날의 괴로움은 그날에 겪는 것으로 족하다. (마 6:25-34)

묵상
주제

1) 기독교의 단순성과 금욕주의는 어떤 차이가 있는가?

2) 단순성의 시금석은 어디에서 시작되는가?

3) 단순성의 삶을 실현해 가기 위해 우리에게 영적으로 필요한 것은 무엇인가?

4) 하나님을 깊이 신뢰해 갈 때 왜 우리 삶이 단순해질 수 있는가?

5) 단순성의 삶은 현실의 생활에서 어떠한 생활방식으로 나타나야 하는가?

4. 기쁨　　　　　　　　　"주님 안에서 항상 기뻐하십시오, 다시 말합니다. 기뻐하십시오." (빌 4:4)

우리는 경건하게 살아가는 수도사나 종교인들을 생각할 때 엄숙하고 웃음을 모르는 우울한 인상을 풍기는 사람으로 상상한다. 신앙심이 깊을수록 유머나 쾌활함과는 거리가 있는 것으로 생각한다. 그러나 진정한 신앙생활에는 기쁨, 쾌활함, 여유가 있다.

기쁨은 삶에 즐거운을 가져다주며 기쁨은 우리를 힘 있게 만든다. 성경은 우리에게 주의 기쁨이 우리의 힘이라고 말하였다(느 8:10). 우리는 기쁨이 없이는 무슨 일이든 오래 지속할 수 없다. 여자가 출산의 고통을 견딜 수 있는 것은 엄마가 되는 기쁨이 기다리고 있기 때문이다. 갓 결혼한 부부가 초창기에 적응 기간을 애써 참고 견디는 것은 함께 사는 오랜 삶이 보장되는 것을 중요하게 여기기 때문이다. 기쁨은 '영적 훈련'에 있어서 핵심인 것이다. 축연의 기쁨이 없는 영적훈련은 모두 현대판 바리새인들의 손에 있는 따분하고 답답한 도구가 된다. 모든 영적훈련은 근심 없는 기쁨과 감사로 특징지어져야 한다. 영적 삶에 있어서 진정한 기쁨을 가져다주는 것이 오직 하나 있는데 그것은 바로 순종이다. (《영적훈련과 성장》, 270-271쪽.)

그러므로 기쁨에는 치료적 기능이 있다. 기쁨은 사람을 내적으로 건강하게 한다. 기쁨은 사람에게 생명력과 삶에 대한 흥미와 즐거움을 주며, 두려움이 그를 몰아넣은 고립에서 벗어나오게 하고, 그와 함께 있는 주변의 사람들과 연대의식을 가지게 한다. ……어떤 새로운 것을 발견하면 내게서는 커다란 기쁨이 솟아나온다. 그리고 기쁨은 사랑과 매우 밀접한 관계를 지니고 있다. 내가 다른 사람에게 어떤 것을 줄 수 있다면, 그것은 그를 기쁘게 할 뿐 아니라 나 자신도 기쁘게 한다. 특별히 깊고 큰 기쁨은 그 안에서, 그리고 그것을 통하여 어떤 것이 성장해 나오는 관계 속에서 발생한다. (안셀름 그륀, 《다시 찾은 기쁨》, 성바오로 역간, 22-23쪽.)

성서 읽기

주님 안에서 항상 기뻐하십시오. 다시 말합니다. 기뻐하십시오. 여러분의 관용을 모든 사람에게 알리십시오. 주님께서 가까이 오셨습니다. 아무것도 염려하지 말고, 모든 일을 오직 기도와 간구로 하고, 여러분이 바라는 것을 감사하는 마음으로 하나님께 아뢰십시오. 그리하면 사람의 헤아림을 뛰어넘는 하나님의 평화가 여러분의 마음과 생각을 그리스도 예수 안에서 지켜 줄 것입니다. (빌 4:4-7)

묵상 주제

1) 그리스도인의 기쁨이 어디에서 나온다고 생각하는가?

2) 사도 바울은 항상 기뻐하라고 했는데, 항상 기뻐하는 것이 어떻게 가능한가? 제시된 본문을 주의 깊게 읽고 묵상한 후 기록해 보라.

3) 당신에게는 기쁨이 있는가? 만약 없다면 그 이유가 무엇인지 자신을 성찰하는 가운데 찾아보라.

4) 기쁨이 우리의 영적생활에 끼치는 영향은 어떤 것들인가?

5. 믿음

"너희에게 겨자씨 한 알만 한 믿음이라도 있으면, 이 뽕나무더러 '뽑혀서, 바다에 심기어라' 하면 그대로 될 것이다." (눅 17:6)

하나님께서 우리를 초대하시는 새로운 세계로 우리의 마음을 열게 하는 힘이 겨자씨만 한 믿음이다. 우리를 초대하는 분의 음성을 듣고, 그분을 신뢰하고, 쇠퇴해 가는 인생의 시기를 미련 없이 뒤로하게 만드는 힘이 믿음이다. 이러한 과정에는 끊임없는 진로 수정과 의미 없는 것들을 놓아 버리는 작업들이 반복된다. 그러한 과정이 회개다. 회개는 자연계의 생명이 진화하듯 영적생활도 진화할 수 있다는 가능성에 마음을 여는 것이다. 우리의 생애에서 그분의 초대는 끊임없이 되풀이된다. 하나님은 지금 우리가 있는 자리에서 복음을 새롭게 이해하고, 복음을 깨닫는 순간마다 태동하는 새로운 가치들에 마음을 열도록 우리를 초대하신다. 하나님께서는 우리 가운데 현존하시면서 그러한 새로운 역사를 이루어 가신다. 하지만 우리는 새로운 관계로 넘어서라는 하나님의 초대를 받을 때마다 발걸음 내딛기를 두려워한다. 그러나 겨자씨만 한 믿음은 그러한 한계를 뛰어넘도록 한다.

어머니의 자궁 안의 세계는 출산으로 끝나고, 유아기는 세 살쯤 끝나게 되며, 유년기는 사춘기가 오면서 끝이 납니다. 사춘기는 청년기에서, 청년기는 장년의 위기에서 각각 끝이 나고, 그런 다음에 노년을 거치면서 노쇠해지고 마침내 죽음을 맞습니다. 성장의 체험이나 육체적인 기력의 쇠퇴는 인생의 시기를 하나하나 거치면서 그것과 결별하도록 강요합니다. 이처럼 육체적 삶은 한자리에 머물지 않고 앞으로 계속 나아가도록 되어 있습니다. 이러한 삶의 변화에서 하나님은 우리에게 감정적인 집착이나 선입견 및 사전에 포장된 가치관으로 개인화된 세계와 결별하도록 초대하고 계십니다. 하나님의 초대는 죽음이나 세세의 종말로가 아닙니다. 생냉의 영적 진화 속에서 끝맺음 하는 영원한 생명입니다. 그러므로 우리는 매시간 죽음으로 향하지 않고 새로운 차원의 세계로 옮겨 가고 있습니다. 우리는 갖가지 관계 속에서 살아온 이전의 세계와 끝을 맺고 영원한 생명의 목적지로 향하고 있습니다. (토머스 키팅,《깨달음의 길 1》, 바오로딸 역간, 17-18쪽.)

성서 읽기

믿음은 바라는 것들의 확신이요, 보이지 않는 것들의 증거입니다. 선조들은 이 믿음으로 살았기 때문에 훌륭한 사람으로 증언되었습니다. 믿음으로 우리는 세상이 하나님의 말씀으로 지어졌다는 것을 깨닫습니다. 보이는 것은 나타나 있는 것에서 된 것이 아닙니다. 믿음으로 아벨은 가인보다 더 나은 제물을 하나님께 드렸습니다. 이런 제물을 드림으로써 그는 의인이라는 증언을 받았으니, 하나님께서 그의 예물에 대하여 증언하여 주신 것입니다. 그는 죽었지만, 이 믿음으로 말미암아 아직도 말하고 있습니다. 믿음으로 에녹은 죽지 않고 하늘로 옮겨 갔습니다. 하나님께서 그를 옮기셨으므로, 우리는 그를 찾을 수 없었습니다. 옮겨 가기 전에 그는 하나님을 기쁘게 해 드렸다는 증언을 받은 것입니다. 믿음이 없이는 하나님을 기쁘게 해 드릴 수 없습니다. 하나님께 나아가는 사람은, 하나님이 계시다는 것과, 하나님은 자기를 찾는 사람들에게 상을 주시는 분이시라는 것을 믿어야 합니다. 믿음으로 노아는, 하나님께서 아직 보이지 않는 일들에 대하여 경고하셨을 때에, 하나님을 경외하고 방주를 마련하여 자기 가족을 구원하였습니다. 이 믿음을 통하여 그는 세상을 단죄하고, 믿음을 따라 얻는 의를 물려받는 상속자가 되었습니다. 믿음으로 아브라함은, 부르심을 받았을 때에 순종하고, 장차 자기 몫으로 받을 땅을 향해 나갔습니다. 그런데 그는 어디로 가는지를 알지 못했지만, 떠난 것입니다. (히 11:1-8)

묵상 주제

1) 믿음은 우리의 삶에서 어떤 작용을 하는가? 겨자씨 한 알만 한 믿음이란 어떤 믿음인가?

2) 믿음이 우리의 삶에서 이루어 내는 역사는 어떤 것인가? 왜 믿음 없이는 하나님을 기쁘시게 할 수 없는가?

3) 노아와 아브라함은 어떤 면에서 믿음의 모범이 되었는가? 당신의 믿음은 어떤 믿음인가?

형제자매들과 함께하는 삶 – 공동체

믿는 사람은 모두 함께 지내며, 모든 것을 공동으로 소유하였다. −사도행전 2장 44절

    인간은 독존적 존재가 아니다. 서로 의존하며 살아가는 의존적 존재이다. 의존적 존재란 관계성 가운데서 살아가는 존재라는 뜻이다. 인간의 존재 방식은 관계를 맺고 살아가는 데 있다. 그러한 관계에는 '나와 그것, 나와 당신'의 관계가 있다. 새로 태어나는 삶에서 이루어지는 관계는 '나와 당신'이다.

    훼손된 삶에서의 관계는 '나와 그것' 또는 '상호 의존적' 관계이다. 나와 그것은 비인격적 관계이다. 상호 의존적 관계는 상처 입은 자아가 만들어 가는 잘못된 삶의 방식으로서 자신을 숨기고 전적으로 다른 사람에게 의존해서 칭찬, 호감을 얻어 내려는 치유되어야 할 낡은 방식이다.

    오시는 하나님은 우리에게 새로운 삶을 선물로 주신다. 하나님이 주신 새로운 삶에는 새로운 삶의 방식이 있다. 거기에는 하나님의 사랑 가운데서 이루어지는 나와 당신의 관계가 있다. 인간은 그러한 관계에서 삶의 따뜻함, 희망, 의미, 기쁨을 갖게 된다. 우리는 많은 사

람들 가운데 살면서도 외로움, 소외, 무의미함을 느낀다. 그 이유는 진정한 삶의 교류가 없기 때문이다. 서로가 서로를 불신하고, 다른 사람을 자신의 이득을 위한 도구로 사용하려 하고, 서로 자신의 약점을 내보이지 않기 위해 항상 마음을 닫고 살아가는 삶에는 진정한 만남이 이루어지지 않는다. 현대인은 보이지 않는 내면의 담을 높이 쌓고 살아간다. 진정한 대화와 만남은 없다. 진정한 만남이 없는 삶에는 언제나 내적 고갈이 있다.

우리는 그리스도 안에서 서로서로를 이해하고, 있는 그대로 받아들일 수 있다. 그리스도 안에서는 서로를 엿보거나 다른 사람의 약점을 이용하려 하거나, 다른 사람에게 지나친 완전을 요구하지 않게 된다. 다른 사람에 대한 비판에서 해방되고 다른 사람을 나보다 낫게 여기고 다른 사람을 형제자매로 받아들일 수 있다.

시편 기자는 세상에서 볼 수 있는 아름다운 것들 가운데 꼽을 수 있는 하나가 '함께 평화를 누리며 사는 것'이라 했다.

> 그 얼마나 아름답고 즐거운가! 형제자매가 어울려서 함께 사는 모습! 머리 위에 부은 보배로운 기름이 수염 곧 아론의 수염을 타고 흘러서 그 옷깃까지 흘러내림 같고, 헤르몬의 이슬이 시온 산에 내림과 같구나. 주님께서 그곳에서 복을 약속하셨으니, 그 복은 곧 영생이다. (시 133:1-3)

1. 사랑

"그러므로 믿음, 소망, 사랑, 이 세 가지는 항상 있을 것인데, 그 가운데서 으뜸은 사랑입니다."(고전 13:13)

이 시대를 사는 우리에게 가장 큰 비극은 사랑하는 기쁨을 갖지 못하고 사는 것이다. 우리 삶의 의미와 희망은 사랑에서 생겨난다. **사랑은 우리로 하여금 우리의 마음을 하나님께 열게 만든다.** 사랑은 다른 사람에게 우리의 마음을 열게 만든다. 사랑은 다른 사람을 있는 그대로 받아들인다. 사랑은 다른 사람을 자신의 잣대로 판단하지 않는다. 사랑은 다른 사람의 이야기를 그의 입장이 되어서 진지하게 들어 준다. 사랑은 나의 도움을 필요로 하는 사람들에게 언제나 찾아간다. 사랑에는 나눔이 있다. 사랑은 우리의 삶을 새로운 차원으로 끌어올린다.

사랑이 어떤 일을 할 수 있는지 보십시오. 사랑은 우리로 하여금 우리의 마음을 하나님에게 열게 만듭니다. 오늘날 이 세상에는 고통, 살인, 슬픔이 너무나 많습니다. 그 이유는 하나님을 사랑하는 기쁨이 사람들의 마음속에서 사라져 버렸기 때문입니다. 그것이 사라지고 나서 사람들은 서로 사랑하는 기쁨도 나누지 못하고 있습니다. 어느 날 나는 런던 시내를 걸어가고 있었습니다. 나는 길모퉁이에서 키가 크고 바싹 야윈 남자를 보았습니다. 그는 가장 불행한 모습으로 몸을 잔뜩 움츠리고 있었습니다. 나는 그에게 다가가서 그의 손을 잡고 흔들며 어찌된 일이냐고 물었습니다. 그랬더니 그는 나를 쳐다보면서 이렇게 말했습니다.

"오오, 저는 사람의 따스한 손길을 느껴본 지가 너무나 오래되었답니다."

그리고 그는 일어나서 똑바로 앉았습니다. 그의 얼굴에는 아름다운 웃음꽃이 피어 있었습니다. 누군가가 그를 친절하게 대해 주었기 때문입니다. 손을 잡아 주는 것만으로도 그는 누군가를 좋아하게 됐습니다. (마더 데레사,《아름다운 영혼, 행복한 미소》, 오늘의책 역간, 204-205쪽.)

성서 읽기

사랑은 오래 참고, 친절합니다. 사랑은 시기하지 않으며, 뽐내지 않으며, 교만하지 않습니다. 사랑은 무례하지 않으며, 자기의 이익을 구하지 않으며, 성을 내지 않으며, 원한을 품지 않습니다. 사랑은 불의를 기뻐하지 않으며, 진리와 함께 기뻐합니다. 사랑은 모든 것을 덮어 주며, 모든 것을 믿으며, 모든 것을 바라며, 모든 것을 견딥니다. 사랑은 없어지지 않습니다. 그러나 예언도 사라지고, 방언도 그치고, 지식도 사라집니다. 우리는 부분적으로 알고, 부분적으로 예언합니다. 그러나 온전한 것이 올 때에는, 부분적인 것은 사라집니다. 내가 어릴 때에는, 말하는 것이 어린아이와 같고, 깨닫는 것이 어린아이와 같고, 생각하는 것이 어린아이와 같았습니다. 그러나 어른이 되어서는, 어린아이의 일을 버렸습니다. 지금은 우리가 거울로 영상을 보듯이 희미하게 보지마는, 그때에는 얼굴과 얼굴을 마주하여 볼 것입니다. 지금은 내가 부분밖에 알지 못하지마는, 그때에는 하나님께서 나를 아신 것과 같이, 내가 온전히 알게 될 것입니다. 그러므로 믿음, 소망, 사랑, 이 세 가지는 항상 있을 것인데, 그 가운데서 으뜸은 사랑입니다. (고전 13:4-13)

묵상 주제

1) 우리는 사랑하는 일을 매우 어렵고 힘들게 생각한다. 그러나 사랑은 사소한 것에서 시작한다. 사소한 일을 기쁨으로 할 수 있도록 만드는 것이 사랑이다. 당신의 삶에서 사랑을 하는 데 가장 큰 방해물은 무엇인가?

2) 사도 바울은 사랑이 어떤 것이라고 했는가? 그 내용을 자세히 적어 보면서 느낀 바를 말해 보라.

3) 하나님을 사랑한다는 것과 이웃을 사랑한다는 것은 서로 별개의 것인가? 하나님을 사랑할 때 죄의 속박에서도 벗어날 수 있다는 말은 무슨 뜻인가?

2 고백과 용서

"우리가 우리에게 죄 지은 사람을 용서하여 준 것 같이 우리의 죄를 용서하여 주시고." (마 6:12)

새로운 삶은 하나님의 용서에서 시작된다. 하나님의 용서가 없는 새로운 삶은 불가능하다. 하나님의 용서는 나 자신을 받아들이게 하고, 이웃을 받아들이게 한다. 용서가 없는 곳에는 하나님의 자비와 사랑도 없다. 용서는 내가 다른 사람에게 완전함을 요구하는 것에서 자유로울 때 이루어진다. 용서는 나 자신에게도 잘못이 있음을 시인할 때 이루어진다. 용서는 하나님의 사랑과 자비를 받아들이는 오솔길이다. 용서는 내 안에 묶어 놓은 다른 사람을 풀어 주는 것이다.

하나님은 우리에게 용서를 주시고 새 삶을 주시기를 원하신다. 이것이 하나님의 마음이다. 이러한 하나님의 마음이 하나의 구속 역사의 사건으로 나타났다. 그것이 십자가에서 절정을 이루었고 부활의 사건에서 확인되었다. 이러한 구속의 사건이 생기게 된 것은 인간은 매우 악하고 그리고 천하기 때문이다. 그들은 하나님의 진노에 소멸될 수밖에 없었다. 그러나 하나님은 우리를 용서하시고 새 삶을 주시기를 원하셨다. 이러한 일이 이루어지기 위해서는 누군가가 우리의 모든 죄를 걸머지지 않을 수 없었다. 드디어 그러한 하나님의 사랑이 예수를 십자가로 데려갔다. 골고다는 용서하시고자 하는 하나님의 위대한 결단이며 열망이다. 예수는 그가 대신 고통을 겪으므로 전 인류의 모든 악을 흡수할 수 있었고, 치유하고, 용서하고, 구속한다는 것을 알았다. 이것이 바로 예수가 십자가에 달린 사형수들에게 통상적으로 제공되는 진통제를 거절한 이유이다.

그는 위대한 구속의 사역을 완전히 대처하기를 원하셨다. 그는 깊고 신비한 방법으로 인류의 집단적인 죄를 짊어지셨다. 이 예수는 지금도 영원한 세계에 살아 계시므로 이 일은 그 당시 그를 둘러싸고 있던 사람들뿐만 아니라, 모든 폭력, 모든 두려움, 과거, 현재, 미래의 모든 죄를 담당한다. 이것이 그의 높고 거룩한 용서와 고백을 가능케 하는 사역이다. (《영적 훈련과 성장》, 143쪽.)

용서의 궁극적인 목표는 화해–관계의 회복, 새로워진 신뢰와 교제의 기쁨–입니다. 용서는 일방적으로 이루어질 수 있지만, 화해는 본질상 상호적인 것입니다. 그것은 상대방의 적절한 반응에 의존합니다. (메조리 톰슨,《소그룹 영성 형성 훈련:용서의 길》, 은성출판사 역간, 153쪽.)

성서 읽기

"네 형제가 [너에게] 죄를 짓거든, 가서, 단 둘이 있는 자리에서 그에게 충고하여라. 그가 너의 말을 들으면, 너는 그 형제를 얻은 것이다. 그러나 듣지 않거든, 한두 사람을 더 데리고 가거라. 그가 하는 모든 말을, 두세 증인의 입을 빌어서 확정 지으려는 것이다. 그러나 그 형제가 그들의 말도 듣지 않거든, 교회에 말하여라. 교회의 말조차 듣지 않거든, 그를 이방 사람이나 세리와 같이 여겨라." "내가 진정으로 너희에게 말한다. 무엇이든지, 너희가 땅에서 매는 것은 하늘에서도 매일 것이요, 땅에서 푸는 것은 하늘에서도 풀릴 것이다. 내가 [진정으로] 거듭 너희에게 말한다. 땅에서 너희 가운데 두 사람이 합심하여 무슨 일이든지 구하면, 하늘에 계신 내 아버지께서 그들에게 이루어 주실 것이다. 두세 사람이 내 이름으로 모여 있는 자리, 거기에 내가 그들 가운데 있다." (마 18:15-20)

묵상
주제

1) 당신의 새로운 삶은 어디에서 시작되었는가? 하나님께서 당신을 용서하시고 다른 사람도 용서하셨다는 것을 믿는가? 그렇다면 하나님께서 용서하시고 받아 주신 형제자매를 용서 못 할 이유가 없다. 이에 대해 어떻게 생각하는가?

2) 예수님은 베드로에게 형제의 잘못을 몇 번 용서해 주라고 하셨는가? "무엇이든지 너희가 땅에서 매는 것은 하늘에서도 매일 것이요, 땅에서 푸는 것은 하늘에서도 풀릴 것"이라는 말씀은 무슨 뜻인가?

3) 아직도 용서하지 못한 사람이 있는가? 그 이유가 어디에 있는지 조용히 묵상 가운데 찾아보라.

3. 관용과 자비   "건강한 사람에게는 의사가 필요하지 않으나, 병든 사람에게는 필요하다." (마 9:12)

우리가 공동체 생활을 해 가는 데 가장 큰 방해 요인은 서로가 서로에게 관용을 베풀지 못하고 지나친 원칙이나 완전을 요구하는 것이다. 이러한 경향은 공동체 안에서 우리 자신을 있는 그대로 드러내지 못하게 하고 항시 자신의 약점을 감추고 꾸미게 한다. 그렇게 함으로써 우리는 본의 아니게 많은 가면을 쓰게 된다. 이런 상황에서는 진정한 교제가 없고, 피상적인 표현으로 이루어지는 변명이나 다른 사람에 대한 비판만이 있을 뿐이다.

진정 좋은 공동체는 자신을 있는 그대로 내놓을 수 있고, 자신의 모습이 있는 그대로 받아들여지는 공동체이다. 가정이나 교회에서 진정한 만남이 이루어지지 않는 것은 서로를 숨기고 드러내지 않기 때문이다. 그러한 분위기 속에서는 긴장과 다른 사람 눈치를 보는 일, 다른 사람 비위 맞추는 일들이 언제나 발생한다. 오늘날 현대인은 공동체에 굶주려 있다. 세상에 많은 공동체가 있음에도 공동체에 목말라 하고 있다.

> 우리들 세계의 모든 대화, 즉 부부 사이와, 국가간의 대화에까지도 귀를 기울여 보라! 그들 대부분의 대화가 귀머거리식의 대화일 것이다. 이들 각각의 화자는 자신의 사상을 제시하기 위해, 자신을 높이 평가하기 위해 그리고 다른 사람을 비난하기 위해 대부분 이야기한다. 이러한 방식의 대화에는 진정으로 다른 사람을 이해하려는 욕구가 없다.
>
> 이해나 삶의 비밀에 대한 해답을 얻어 내는 것은 내적인 경험, 발견, 전환이지 단순하고 새로운 지식의 축적은 아니다. 그것은 어떤 사람이 아주 낙심하고 있을 바로 그때에 일어날 수 있으며 대체적으로 전혀 상상치 못했던 방식으로 일어난다. 그는 많은 책을 읽고 설교를 들으며 또한 많은 지식을 축적했을지도 모르지만 갑자기 그를 일깨우는 것은 사소한 일, 즉 한마디로 말하면 초우, 죽음, 회복, 어떤 것을 일견해 본다든가 또는 자연발생적 사건들인 것이다. 하나님은 그런 것을 사용하여서 인간에게 교감하는 것이다. (폴 투르니에, 《진성한 부부산에 이해와 사랑》, 보이스사 역긴,

80, 81쪽.)

성서 읽기

모든 사람에게 두려운 마음이 생겼다. 사도들을 통하여 놀라운 일과 표징이 많이 일어났던 것이다. 믿는 사람은 모두 함께 지내며, 모든 것을 공동으로 소유하였다. 그들은 재산과 소유물을 팔아서, 모든 사람에게 필요한 대로 나누어 주었다. 그리고 날마다 한마음으로 성전에 열심히 모이고, 집집이 돌아가면서 빵을 떼며, 순전한 마음으로 기쁘게 음식을 먹고, 하나님을 찬양하였다. 그래서 그들은 모든 사람에게서 호감을 샀다. 주님께서는 구원받는 사람을 날마다 더하여 주셨다. (행 2:43-47)

묵상
주제

1) 우리가 주님 안에서 형제자매가 된 것은 우리가 완전한 사람들이기 때문인가? 그렇지 않다면 어떤 연유로 그렇게 되었다고 생각하는가?

   ....
   ....
   ....
   ....

2) 초대 기독교 공동체의 모습은 어떠했는가? 그러한 공동체가 태어나게 된 동기는 무엇이었는가?

   ....
   ....

3) 좋은 가정, 좋은 교회는 어떤 유형의 것인가? 묵상 가운데서 정리해 보라.

4. 돌봄과 격려

"그리고 서로 마음을 써서 사랑과 선한 일을 하도록 격려합시다." (히 10:24)

모든 피조물들에게는 돌봄이 필요하다. 돌봄 없이는 생존과 성장이 불가능하다. 인간에게도 돌봄과 격려가 필요하다. 사람들은 누구나 약점과 상처를 갖고 있기 때문이다. 특별히 신앙 공동체 안에서의 격려와 돌봄은 중요하다. 신앙 공동체 안에 있는 형제자매들은 주님의 몸 된 지체로서 유기적 관계에 있기 때문에 서로서로의 배려가 필요한 것이다. 믿음의 공동체에서 형제자매들은 그리스도 안에서 사랑으로 관계 맺어진 한 몸 된 지체이다. 우리 몸의 지체 가운데 한 부분이 상처를 입으면 몸 전체가 아픔을 느낀다. 약한 지체, 병든 지체가 있으면 비판하기보다 사랑으로 돌봐 주어야 한다.

그리스도인 공동체의 모든 성원들이 보여 주는, 신중하게 주의를 기울이는 전반적인 분위기는 어떤 사람이 특별한 돌봄을 필요로 하는 상태로 가기 전에 상처를 미리 치료해 줄 수 있습니다. 부모와 자녀로서, 선생과 학생으로서, 치유자와 환자로서, 우리 모두는 다양한 방식으로 상대방에게 발돋움합니다. 하지만 이 세 가지 유형의 관계 속에 드러난 따뜻하게 맞이함의 개념을 통해서 우리가 알게 되는 것은, 우리가 상대방을 소유하도록 부르심을 입은 것이 아니라 서로를 섬기고 또 서로를 섬길 수 있는 자리를 마련해 주도록 부르심을 입었다는 점입니다. 따뜻하게 맞이함의 안목으로 세 가지 관계를 논하는 동안 우리는 받아들이는 자세에 강조를 두었습니다. 사실 우리는 손님 자신의 선물을 드러내고 우리의 친구가 될 수 있는 자유롭고 친밀한 공간으로 손님을 받아들여야 합니다.

상대방을 받아들이는 자세 없이 그들에게 발돋움하면 그들에게 도움을 주기보다는 오히려 상처를 주며 그들을 속이거나 심지어는 폭력을 가하는, 즉 생각과 말과 행동의 폭력을 가하는 결과로 이끌기가 쉽습니다. 참으로 정직한 받아들임이란 방문객을 우리의 조건에서가 아닌 그들의 조건에서 우리의 세계로 이끌어 들이는 것을 말합니다. (헨리 나우웬,《영적 발돋움》, 두란노 역간, 113, 114쪽.)

성서 읽기

그러므로 주님 안에서 갇힌 몸이 된 내가 여러분에게 권합니다. 여러분은 부르심을 받았으니, 그 부르심에 합당하게 살아가십시오. 겸손함과 온유함으로 깍듯이 대하십시오. 오래 참음으로써 사랑으로 서로 용납하십시오. 성령이 여러분을 평화의 띠로 묶어서, 하나가 되게 해 주신 것을 힘써 지키십시오. 그리스도의 몸도 하나요, 성령도 하나입니다. 이와 같이 여러분도 부르심을 받았을 때에 그 부르심의 목표인 소망도 하나였습니다. 주님도 한 분이시요, 믿음도 하나요, 세례도 하나요, 하나님도 한 분이십니다. 하나님은 모든 것의 아버지시요, 모든 것 위에 계시고 모든 것을 통하여 계시고 모든 것 안에 계시는 분이십니다.

우리는 사랑으로 진리를 말하고 살면서, 모든 면에서 자라나서, 머리가 되시는 그리스도에게까지 다다라야 합니다. 온 몸은 머리이신 그리스도께 속해 있으며, 몸에 갖추어져 있는 각 마디를 통하여 연결되고 결합됩니다. 각 지체가 그 맡은 분량대로 활동함을 따라 몸이 자라나며 사랑 안에서 몸이 건설됩니다. (엡 4:1-6, 15-16)

묵상
주제

1) 당신이 하나님께 받은 선물이 무엇인지 생각해 보고 지금까지 그것을 누구를 위해 어떻게 사용해 왔는지 묵상해 보라.

2) 당신이 속한 공동체-가정, 교회, 직장-에서 돌보고 격려해야 할 사람은 누구인가? 그리고 그에게 어떤 돌봄과 격려가 필요한지 찾아보라.

3) 당신이 속한 공동체에서 갈등을 느끼고 있다면 그 원인이 어디에 있는지 찾아보라. 반대로 그 공동체에서 평안을 느끼고 있다면 어떤 면이 당신을 그렇게 느끼도록 만드는

지 찾아보라.

5. 복종

"그러므로 사랑하는 여러분, 여러분이 언제나 순종한 것처럼, 내가 함께 있을 때뿐만 아니라, 지금과 같이 내가 없을 때에도 더욱더 순종하여서, 두렵고 떨리는 마음으로 자기의 구원을 이루어 나가십시오."(빌 2:12)

복종의 문제는 영적훈련에서 매우 중요한 위치를 차지한다. 우리는 공동체 안에서 함께 살아가야 하기 때문에 복종의 문제는 중요하다. 신자들은 복종을 자기희생·금욕·자기비하·지나치게 다른 사람의 비위에 맞추는 것으로 이해하는데, 그것은 잘못된 이해이다.

복종의 시금석은 자기부인에서 시작된다. 예수께서는 "누구든지 나를 따라오려거든 자기를 부인하고 자기 십자가를 지고 나를 따를 것이니라"(막 8:34, 개역개정)라고 말씀하셨다. 오늘의 현대인들에게 자기부인이라는 말은 상당한 거부감을 준다. 오히려 자기부인보다는 자기실현이라는 말이 더 매력을 느끼게 한다. 그러나 진정한 의미에서의 자기실현은 자기부인을 통해 달성된다.

자기부인은 어떤 사람들이 생각하는 것처럼 자기정체성을 상실하는 것을 의미하지는 않는다. 정체성이 없이는 상호간의 복종도 불가능해진다. 자기부인은 자기멸시와 동일한 것이 아니다. 자기멸시는, 우리가 아무 가치도 없는 존재라고 주장한다. 비록 우리가 가치 있는 존재라 할지라도 그 가치를 배격해야 한다고 주장한다. 우리는 자기부인이 다른 사람에게 양보할 수 있는 자유를 의미한다는 것을 강조해야 한다. 이것은 자신의 이익보다도 다른 사람의 이익을 우위에 둔다는 것을 의미한다. 그러므로 자기부인은 우리로 하여금 자기연민에서 벗어나 자유케 한다. (《영적훈련과 성장》, 165, 166쪽.)

그리스도인들은 삼위일체 하나님께 복종해야 하고 서로에게 복종해야 하며 가정에서 복종해야 한다. 그리고 일상적인 생활 현장에서 이웃에게 복종해야 한다. 그리스도의 몸인 교회에 복종해야 하며 멸시받고 천대받는 사람에게 복종해야 하며 세계에 대해 복종해야 한다.

성서 읽기

여러분은 그리스도를 두려워하는 마음으로 서로 순종하십시오. 아내 된 이 여러분, 남편에게 하기를 주님께 하듯 하십시오. 그리스도께서 교회의 머리가 되심과 같이, 남편은 아내의 머리가 됩니다. 바로 그리스도께서는 몸의 구주이십니다. 교회가 그리스도께 순종하듯이, 아내도 모든 일에 남편에게 순종해야 합니다. 남편 된 이 여러분, 아내를 사랑하기를 그리스도께서 교회를 사랑하셔서 교회를 위하여 자신을 내주심같이 하십시오. 그리스도께서 그렇게 하신 것은, 교회를 물로 씻고, 말씀으로 깨끗하게 하여서, 거룩하게 하시려는 것이며, 티나 주름이나 또 그와 같은 것들이 없이, 아름다운 모습으로 교회를 자기 앞에 내세우시려는 것이며, 교회를 거룩하고 흠이 없게 하시려는 것입니다. 이와 같이, 남편도 아내를 자기

몸과 같이 사랑해야 합니다. 자기 아내를 사랑하는 것은 곧 자기를 사랑하는 것입니다.

자녀 된 이 여러분, [주 안에서] 여러분의 부모에게 순종하십시오. 이것이 옳은 일입니다. "네 부모를 공경하라"고 하신 계명은, 약속이 딸려 있는 첫째 계명입니다. "네가 잘되고, 땅에서 오래 살 것이다" 하신 약속입니다. 또 아버지 된 이 여러분, 여러분의 자녀를 노엽게 하지 말고, 주님의 훈련과 훈계로 기르십시오. 종으로 있는 이 여러분, 두려움과 떨림과 성실한 마음으로 육신의 주인에게 순종하십시오. 그리스도께 하듯이 해야 합니다. 사람을 기쁘게 하는 자들처럼 눈가림으로 하지 말고, 그리스도의 종답게 진심으로 하나님의 뜻을 실천하십시오. 사람에게가 아니라 주님께 하듯이, 기쁜 마음으로 섬기십시오. 선한 일을 하는 사람은, 종이든지 자유인이든지, 각각 그 갚음을 주님께로부터 받게 됨을 여러분은 아십시오. 주인 된 이 여러분, 종들에게 이와 같이 대하고, 위협을 그만두십시오. 그들의 주님이시요 여러분의 주님이신 분께서 하늘에 계신다는 것과, 주님께서는 사람을 차별하여 대하지 않으신다는 것을, 여러분은 아십시오. (엡 5:21-28, 6:1-9)

묵상
주제

1) 공동체를 세워가는 데 복종이 왜 필요한가? 참된 복종이란 어떤 것인가?

....

....

....

2) 바울이 말하는 서로의 복종은 무엇을 전제로 하고 있는가? 복종이 이루어질 수 있는 진정한 권위는 어디에서 나오는가?

3) 복종의 시금석이 자기부인에서 시작된다고 할 때 여기서 자기부인이란 어떤 의미인가?

12 하나님의 정원사-사역자

보아라, 내가 모든 것을 새롭게 한다. - 요한계시록 21장 5절

    하나님께서 아름답게 경작하고 돌보도록 창조하신 세상(정원)이 너무 황폐해져 가고 있다. 황폐해져 간다는 의미는 자연환경의 파괴, 사회질서의 붕괴, 인간성의 상실을 의미한다. 하나님께서 창조하신 세상은 인간이 살기에 어려운 곳으로 변해 가고 있다.

    한편 오늘 우리가 살고 있는 시대는 변화의 속도가 너무 빠르고, 미래가 불확실하며, 전통적 가치가 무너져 내림으로 인한 정신적 혼란이 심각해졌다. 이러한 시대에 살고 있는 현대인들에게 찾아오는 것은 자기 자신의 상실, 인생의 의미와 목적 상실, 자기 소외와 같은 정신적 문제들이다. 이러한 문제들은 우리의 삶을 더욱 짐스럽게 한다.

    그러나 하나님은 이 세상을 포기하지 않으신다. 하나님께서는 '만물을 새롭게 하겠다'는 약속을 주셨다. 우리의 희망은 바로 하나님의 약속이다. 하나님의 약속의 파트너(partner)는 인간이다. 하나님께서 창조하신 세상(정원) 안에 있는 '모새골'은 삶의 의미와 목적을 새롭게 발견하고 그리스도를 본받아 살아가는 삶을 실현해 가는 '영적 정원사늘'의 공동체이다.

우리 공동체에서는 오늘 이 세대에서 믿음, 소망, 사랑으로 살아가는 삶을 발견해 간다.

이 우주에 선하게 살고자 하는 인간의 의지와 노력은 있되, 그보다 앞서 궁극적인 실재의 약속이나 목적·뜻이 없다면 인간의 노력은 허망할 뿐이다. 그런데 선하게 살고자 하는 인간의 뜻과 의지가 있기 전에 우주의 궁극적 실재이신 하나님에 의해 세상이 창조되었고, 그분에 의해 만물을 새롭게 하겠다는 약속의 선언이 있었다. 그리고 하나님의 창조와 구속 사역은, 하나님에 의해 창조 이후에도 계속 되어 가고 있다.

모든 피조물의 희망은 하나님께서 이 세상을 포기하지 않으셨고 하나님께서 이 세상을 향해 오고 계시며 모든 피조물이 갈구하는 새로운 것이 하나님께 있다는 데 있다. 만물을 새롭게 하시는 하나님은 인간을 그의 동역자로 부르고 계신다. 하나님 정원의 정원사로 신실하게 일할 사역자를 필요로 하신다.

1. 사역자 – 섬기는 자

성서에는 이런저런 수많은 모습들을 통해 우리에게 구원의 신비를 제시해 주고 있다. 그 모습들은 우리의 삶, 우리의 상처와 곤경, 인산들을 향한 하나님의 사랑과 구원을 보여 주는 것들이다. 우리는 이것들을 사목직(Seelsorge)을 나타내는 모습으로 이해할 수도 있다. 궁극적으로 사목직이란 성사, 강론, 사목적 대화 등을 통하여, 궁극적으로는 하나님과 만나길 갈망하는 사람들을 대하는 일체의 사목활동을 뜻한다. 무엇보다도 사목직이란 어떤 행위가 아니라 살아가고 믿는 하나의 방식이다. (안셀름 그륀,《사람을 살려라》, 성서와함께 역간, 9쪽.)

사목직의 원래 의미는 '영혼(사람)을 돌보는 일'로 개신교의 '목회'에 해당한다. 지난날에는 영혼을 돌보는 일이 성직자의 고유한 과제로만 인식되었다. 그러나 오늘날은 교회 지체들이 자신에게 허락된 고유한 은사에 따라 만물을 새롭게 하시는 하나님의 구원 역사에 참여하는 일체의 섬김을 가리키는 넓은 의미로 사용된다.

하나님의 정원에서 하나님의 부르심에 따라 하나님의 새 창조의 사역에 참여하는 사람들은 모두 하나님의 사역자들이다. 사역자들의 삶은 다르다. 그들은 자신들의 생의 여정을 그들 홀로 가지 않고 주님과 함께 동행하고 그분과 대화를 통한 교제의 삶을 즐기는 사람들이다. 그들에게는 '영혼의 창'이 있어 하나님께 중요한 것이 무엇인지 알고 있고, 다른 사람을 대할 때 '눈으로가 아닌 마음으로 보는' 타인과 다른 안목을 지녔다.

안셀름 그륀은 "사목직(사역)의 가장 아름다운 모습을 우리에게 보여 주고 있는 것은 신약성서에 나오는 치유 이야기들이다. 그 이야기들을 통해 복음사가들은 예수께서 사목직을 어떻게 이해하시고, 사람들을 어떻게 만나시며, 그들의 가장 깊은 내면을 향해 어떻게 말을 건네셨는지를 보여 주고 있다"고 말한다.

우리가 복음서에 나타나 있는 치유 이야기를 읽으면서 가져야 할 두 가지 질문에 대해 안셀름 그륀은 다음과 같이 말한다. "'하나는 과연 인간을 위한 것이 무엇이냐, 그들의 상황이 무엇이냐, 그들의 병이 무엇이냐?' 하는 것이며, 다른 하나는 '예수님과의 만남에서 무슨 일이 일어났는가?' 하는 점이다. 예수께서 사목직을 어떻게 이해하시며, 사람들을 어떻게 대하시는가, 그들의 내면에 무엇을 생기게 하시는가?"

성서 읽기

그때에 회당에 악한 귀신 들린 사람이 하나 있었는데, 그가 큰소리로 이렇게 말하였다. "나사렛 사람 예수님, 왜 우리를 간섭하려 하십니까? 우리를 없애려고 오셨습니까? 나는 당신이 누구인지 입니다. 하나님께서 보내신 거룩한 분입니다." 예수께서 그를 꾸짖어 말씀하셨다. "입을 다물고 이 사람에게서 나가라." 그러자 악한 귀신은 그에게 경련을 일으켜 놓고서 큰 소리를 지르며 떠나갔다. 사람들이 모두 놀라서 "이게 어찌된 일이냐? 권위 있는 새로운 가르침이다! 그가 악한 귀신들에게 명하시니, 그들도 복종하는구나!" 하면서 서로 물었다. 그리하여 예수의 소문이 곧 갈릴리 주위의 온 지역에 두루 퍼졌다. (막 1:23-28)

묵상 주제

1) 하나님의 사역을 위해 사역자가 우선적으로 갖추어야 할 것들은 무엇이라고 생각하는가?

2) 사역자들이 사역을 직업으로 이해하기보다 다른 사람과 다르게 살아가는 생활방식을 사역이라고 전제할 때, 사역자의 생활방식은 어떠해야 하는가? 또한 사역자는 그러한 생활방식을 즐길 수 있어야 하는데, 그렇게 하기 위해서 어떻게 해야 하는가?

3) 당신이 원하는 사역 분야는 무엇인가? 그 분야의 사역을 위해 당신이 가진 은사는 무엇인가?

2 사역자의 영적인 삶

나는 목사 안수를 받은 후 신학교에서 배운 신학적인 이론과 나름대로 습득한 지식으로 내게 도움을 요청하는 사람들을 도울 수 있고 이상적인 목회를 할 수 있다고 생각했다. 또 그러한 신념에서 사람들을 변화시켜 가려고 노력했다. 그러나 사람들은 내가 바라는 대로 변하지 않았다. 시간이 흐를수록 갈등만이 증폭되었다. 내게 문제가 된 것은 나는 최선을 다하는데 교인들은 변하지 않는다고 생각한 데 있었다. 그러한 갈등과 방황에서 나는 사람을 변화시키는 일은 내가 하는 것이 아닌 하나님이 하시는 일임을 깨달았다. 그리고 한 가지 더 중요한 깨달음은, 나 자신이 '하나님과 교제하는 삶'을 살지 못하고 있다는 사실이었다.

하나님과 교제하는 삶 가운데 하나님께서 나를 통해 일하시도록 하는 것이 참된 목회사역이라는 사실을 알게 되었다. 그 후에 내 삶에는 상당한 변화가 있었다. 우선 사람들이 변하지 않는다고 갈등하는 데서 벗어났고, 하나님께서 나를 통해 그가 원하시는 일을 할 수 있도록 그분 안에 머무는 삶을 살려고 했다. 하나님의 창조와 구속 사역은 내가 하는 것이 아니라 하나님께서 하시는 것이다.

오늘날 많은 사역자들은 탁월한 설교가들이자 유능한 상담자이며 훌륭한 행정가들입니다. 그러나 자신들의 삶에 임한 하나님의 임재를 사람들에게 자신 있게 제시해 줄 수 있는 사역자들은 거의 없습니다. 대부분은 아니라고 하더라도 많은 사역자들에게 성령의 삶이란 아직 낯선 분야입니다. 따라서 수많은 거룩하지 않은 영들이 장악하여 엄청난 파괴를 일삼고 있는 것은 놀랄 만한 일이 아닙니다.

성령과 악령을 분별하여 사람들의 영과 몸뿐만 아니라 그들의 모든 인간관계에도 활발한 변화가 일어나도록 사람들을 인도할 수 있는 영분별자들이 더욱 절실히 필요합니다. 이런 분별의 은사는 성령의 은사 가운데 하나로, 오직 끊임없는 기도와 묵상을 통해서만 얻어질 수 있습니다. 따라서 기도훈련을 통해 형성되고 다듬어진 사역자의 영적인 삶이야말로 영적 리더십의 핵심입니다. (헨리 나우웬,《예수님을 생각나게 하는 사람》, 두란노 역간, 88-89쪽.)

성서 읽기

예수께서 다시 그들에게 말씀하셨다. "나는 세상의 빛이다. 나를 따르는 사람은 어둠 속에 다니지 아니하고, 생명의 빛을 얻을 것이다." 바리새파 사람들이 예수께 말하였다. "당신이 스스로 자신에 대하여 증언하니, 당신의 증언은 참되지 못하오." 예수께서 그들에게 대답하셨다. "비록 내가 나 자신에 대하여 증언할지라도, 내 증언은 참되다. 나는 내가 어디에서 와서 어디로 가는지를 알고 있기 때문이다. 그러나 너희는 내가 어디에서 왔는지도 모르고, 어디로 가는지도 모른다. 너희는 사람이 정한 기준을 따라 심판한다. 나는 아무도 심판하지 않는다. 그러나 내가 심판하면 내 심판은 참되다. 그것은, 내가 혼자 있는 것이 아니라, 나를 보내신 아버지께서 나와 함께하시기 때문이다. 너희의 율법에도 기록하기를 '두 사람이 증언하면 참되다' 하였다. 내가 나 자신에 대하여 증언하는 사람이고, 나를 보내신 아버지께서도 나에 대하여 증언하여 주신다." 그러자 그들은 예수께 물었다. "당신의 아버지가 어디에 계십니까?" 예수께서 대답하셨다. "너희는 나도 모르고, 나의 아버지도 모른다. 너희가 나를 알았더라면 나의 아버지도 알았을 것이다." 이것은 예수께서 성전에서 가르치실 때에 헌금궤가 있는 데서 하신 말씀이다. 그러나 그를 잡는 사람이 아무도 없었다. 그것은 아직도 그의 때가 이르지 않았기 때문이다. (요 8:12-20)

묵상 주제

1) 사역자의 의미를 정의해 보고, 사역자가 갖춰야 할 영적 능력에는 어떤 것이 있는지 생각해 보라.

2) 예수님이 누구와 함께하시면서 누구의 일을 드러내셨는지 본문을 묵상하는 가운데 찾아보라.

3) 당신이 사역자로서 진정한 리더십을 나타내기 위해 무엇을 해야 한다고 생각하는가? 하나님의 사역자가 되기를 진정으로 원하는가? 그렇다면 누구와 함께 그 일을 해 가려고 하는가?

3. 우리는 무엇으로 사역해야 하는가?

하나님의 사역을 담당하고자 할 때 '무엇으로 어떻게 사역해야 하는가?' 하는 문제가 누구에게나 대두된다. 하나님의 사역에는 재물, 건강, 지식, 기술 등이 모두 필요할 수 있다. 그러나 이러한 것들 이전에 꼭 필요한 것이 있다. 그것은 하나님과의 친근한 교제의 삶이다. 우리는 하나님과의 교제에서 그를 알게 되고, 그를 사랑하게 되고, 그에게 순종하게 된다.

하나님의 사역자가 되는 길은 하나님을 섬기는 삶이다. 하나님을 섬기기 위해 목사, 신부, 선교사가 돼야만 하는 것은 아니다. 하나님을 섬기는 일은 현재 있는 그 자리에서 자신의 있는 모습 그대로 이루어져야 한다. 대부분 하나님의 사역은 내가 현재 종으로 있든지, 주인으로 있든지, 어부로 있든지, 세리로 있든지, 그 현실을 그대로 받아들이는 자리에서 이루어진다.

하나님은 그의 목적을 성취하기 위해 신부, 주교, 목사, 선교사들만을 필요로 하시는 것은 아니다. 하나님은 기술자, 약제사, 의사, 철학자, 판사, 속기사 등도 필요로 하신다. 나는 오직 종교적 임무, 즉 성서를 읽는 일, 기도하는 일, 내가 저술한 책에 대해서 이야기하고, 혹은 환자, 또는 친구와 함께 삶의 의미에 대해 토론할 때에만 하나님을 섬기는 것은 아니다. 나는 환자에게 주사를 놓을 때, 또는 환부를 수술할 때, 또는 처방전을 쓸 때, 혹은 좋은 조언을 할 때에도 역시 하나님을 위하여 일한다. 나는 내가 신문을 읽을 때 여행을 할 때, 농담을 할 때 또는 공작을 할 때에도 역시 하나님을 섬긴다. 나는 모든 것에 관심을 갖는 것으로 그를 섬긴다. 하나님은 모든 것에 관심이 있으시기 때문에 모든 것을 창조하셨다. 그리고 그는 그의 창조 가운데 나를 두셨다. 그래서 나는 전적으로 그것에 참여한다. 윌리엄 템플(William Temple) 대주교는 이렇게 말했다. "하나님이 단지 신앙에만, 아니면 주로 신앙에만 관심을 기울이신다고 생각하는 것은 커다란 실수이다." (폴 투르니에, 《모험으로 사는 인생》, IVP 역간, 262-263쪽.)

성서 읽기

주 하나님이 땅 위에 비를 내리지 않으셨고, 땅을 갈 사람도 아직 없었으므로, 땅에는 나무가 없고, 들에는 풀 한 포기도 아직 돋아나지 않았다. 땅에서 물이 솟아서, 온 땅을 적셨다. 주 하나님이 땅의 흙으로 사람을 지으시고, 그의 코에 생명의 기운을 불어넣으시니, 사람이 생명체가 되었다. 주 하나님이 동쪽에 있는 에덴에 동산을 일구시고, 지으신 사람을 거기에 두셨다. 주 하나님은 보기에 아름답고 먹기에 좋은 열매를 맺는 온갖 나무를 땅에서 자라게 하시고, 동산 한가운데는 생명나무와 선과 악을 알게 하는 나무를 자라게 하셨다. 강 하나가 에덴에서 흘러나와서 동산을 적시고, 에덴을 지나서는 네 줄기로 갈라져서 네 강을 이루었다. 첫째 강의 이름은 비손인데, 금이 나는 하윌라 온 땅을 돌아서 흘렀다. 그 땅에서 나는 금은 질이 좋았다. 브돌라라는 향료와 홍옥수와 같은 보석도 거기에서 나왔다. 둘째 강의 이름은 기혼인데, 구스 온 땅을 돌아서 흘렀다. 셋째 강의 이름은 티그리스인데, 앗시리아의 동쪽으로 흘렀다. 넷째 강은 유프라테스이다. 주 하나님이 사람을 데려다가 에덴 동산에

두시고, 그곳을 맡아서 돌보게 하셨다. (창 2:5-15)

묵상 주제

1) 하나님께서 창조하신 세상에 인간을 두시고, 인간으로 하여금 세상을 돌보게 하셨다는 것과 삶을 선물로 주셨다는 것은 어떤 관계가 있는가?

2) 하나님은 그분을 섬기는 일에서 특별히 무엇을 요구하시는가?

3) 하나님께서 선물로 주신 당신의 삶은 누구를 섬기기 위한 것인가? 삶에서 하나님을 섬기고 있는가? 만약 그렇지 못하다면 그 원인이 어디에 있는지 묵상해 보라.

4. 일의 의미

지난날 우리가 겪은 사회적인 고통 가운데 하나가 IMF였다. 그때 많은 사람들이 직장을 잃었다. 그리고 우리가 얻은 값진 교훈은 일은 단지 돈을 벌기 위한 수단에 불과한 것이 아닌 우리의 삶, 그 자체라는 사실이었다. 그 당시 많은 사람들은 일 없이 살아가는 삶이 얼마나 고통스럽고 지루한 삶인지 인식했다. 일은 하나님께서 인간에게 주신 선물인 것이다.

모든 인간의 타락과 불순종에도 불구하고, 노동은 하나님의 은혜로 적어도 하나님이 부여해 주신 그 의미를 보존하고 있다. 노동은 생명 자체가 그런 것처럼 하나님의 선물이다. 노동은 롤랑 드 푸리(Ronald de Pury)가 말한 것처럼 '삶의 표현'이다. 릴케(Rilke)는 로뎅(Rodin)에게 보내는 편지에서 이렇게 말하고 있다. "제가 선생님을 뵈러 간 것은 어떤 연구를 하기 위해서뿐만은 아니었습니다. 그것은 선생님께 우리가 어떻게 살아야 하는가를 여쭈어 보기 위해서였습니다. 선생님의 대답은 '일을 함으로써'였습니다."

성경, 특히 잠언은 수고를 칭송하고 빈둥거림과 게으름을 경계하는 말씀으로 가득 차 있다. 성경은 금 세공장이와 베 짜는 사람의 기술, 농부와 포도원지기의 인내, 하나님이 주신 재능인 학자의 지혜와 지성에 간해 말하고 있다(출 31:3-5). (《모험으로 사는 인생》, 100쪽.)

일은 사람의 일부이다. 생활비를 벌고 그럼으로써 내적으로 다른 사람으로부터 자유롭게 해 주는 일이 확실히 있다. 일은 사회적 의미를 띠고 있으며, 대개 창조적인 것이다. 일은 기쁨을 준다. 일에서 사람은 자신을 실현시킬 수 있다. 기꺼이 일을 하는 사람은 일할 때에 즐거움을 느낀다. 그는 일의 부담을 느끼지 않고 자기 일의 성과에서 기쁨을 느낀다. 이는 일의 열매를 자기의 눈으로 볼 수 있는 장인에게만 적용되지 않는다. 상업이나 행정 분야에서도 무엇인가 성공을 하면 사람들은 즐거움을 느낄 수 있다. (안셀름 그륀,《자기자신 잘 대하기》, 성서와함께, 155-156쪽.)

성서 읽기

여자에게는 이렇게 말씀하셨다. "내가 너에게 임신하는 고통을 크게 더할 것이니, 너는 고통을 겪으며 자식을 낳을 것이다. 네가 남편을 지배하려고 해도 남편이 너를 다스릴 것이다." 남자에게는 이렇게 말씀하셨다. "네가 아내의 말을 듣고서, 내가 너에게 먹지 말라고 한 그 나무의 열매를 먹었으니, 이제, 땅이 너 때문에 저주를 받을 것이다. 너는, 죽는 날까지 수고를 하여야만, 땅에서 나는 것을 먹을 수 있을 것이다. 땅은 너에게 가시덤불과 엉겅퀴를 낼 것이다. 너는 들에서 자라는 푸성귀를 먹을 것이다. 너는 흙에서 나왔으니, 흙으로 돌아갈 것이다. 그때까지, 너는 얼굴에 땀을 흘려야 낟알을 먹을 수 있을 것이다. 너는 흙이니, 흙으로 돌아갈 것이다." 아담은 자기 아내의 이름을 하와라고 하였다. 그가 생명이 있는 모든 것의 어머니이기 때문이다. 주 하나님이 가죽옷을 만들어서, 아담과 그의 아내에게 입혀 주셨다. (창 3:16-21)

묵상
주제

1) 창세기 3장에서 볼 수 있듯이 하나님께 불순종한 인간은 해산의 수고와 땀 흘리는 노동을 하게 되었다. 그런데 노동이 어떻게 하나님께서 인간에게 주신 은혜의 선물이 될 수 있는가?

2) 하나님께서 선물로 주신 삶에는 일이 포함되어 있다. 일의 의미와 가치를 어디에서 발견하게 되는가?

3) 지금 하고 있는 일에서 성취감을 느끼는가, 아니면 일 자체가 당신에게 스트레스가 되는가? 만약 일에서 스트레스를 받는다면 그 원인이 무엇인지 발견해 보라.

5. 삶의 의미와 목적

하나님의 선물인 삶에는 의미와 목적이 있다. 그 목적과 의미가 무엇이며, 우리는 그것을 어떻게 발견할 수 있는가? 이러한 물음과 해답은 사역자에게만 해당되는 것이 아니며, 사역자는 자신이 돌봐야 할 사람들이 그 길을 발견하도록 도와주어야 한다. 폴 투르니에에 의하면 삶의 의미와 목적은 참된 모험을 해 가는 과정에서 발견하게 된다. 참된 모험은 하나님의 창조적 모험에 들어가는 것, 그리고 하나님과의 친근한 교제에 들어가는 것이다.

그리스도를 위해 목숨을 잃는 자는 사자에게 던져진 순교자나 지금 이 시대에 핍박받는 교회에 속한 현대의 순교자만이 아니다. 그는 가치관의 변화라는 이 새로운 모험을 받아들이는 자이며, 예수 그리스도를 붙들기 위해 행동의 모험을 통해서 쌓은 모든 보화를 버릴 준비가 되어 있는 사람이다. 사도 바울이 "내가 그를 위하여 모든 것을 잃어버리고 배설물로 여김은 그리스도를 얻으려 함"(빌 3:8)이라고 한 것과 같다. 모든 것을 잃고 나서 받아들이는 것, 이것이 바로 모험이다. 그러나 이 역설은 단지 표면상의 역설일 뿐이다. 삶에 동일성을 부여해 주는 것은 하나님을 아는 지식이기 때문이다. 행동의 모험의 진정한 가치는 우리의 행위에 있지 않고 그 행동을 하나님과 함께하는 것에 있고, 하나님의 창조적인 모험에 들어가며 하나님과 친근한 사귐에 들어가는 것에 있다. 바로 이 하나님에 대한 친근한 지식이야말로 최고의 모험이 된다. 칼뱅은 교리 문답의 서두에서 이렇게 말하고 있다. "인간의 목적이 무엇입니까? 하나님을 아는 것입니다. 인간의 행복은 무엇입니까? 하나님을 아는 것입니다."

어린 시절에 세상을 발견하는 일은 곧 하나님이 하신 일에 대한 경이를 통해 하나님에게 나아가는 것이다. 성인이 된 다음의 모험은 하나님의 영감과 인도를 받는 활동을 하는 가운데 하나님을 체험하는 것이다. 세상과 점점 더 분리되는 것은 그것이 하나님과 더욱 가깝게 사귄다는 뜻이 될 때 필요하다. 평생을 통해 우리는 하나님을 알아간다. 첫째로 연구를 통해, 그리고 활동을 통해, 그리고 경배를 통해. 이 세 가지 모험은 결국 하나이다. 언제나 새로운 하나님의 모습을 발견하게 되며 친근한 하나님의 모습을 재발견하게 되는, 언제나 앞으로 나가는 행진이다. 《모험으로 사는 인생》, 301-302쪽.)

성서 읽기

나는 이것을 이미 얻은 것도 아니며, 이미 목표점에 다다른 것도 아닙니다. 그리스도 [예수]께서 나를 사로잡으셨으므로, 나는 그것을 붙들려고 좇아 가고 있습니다. 형제자매 여러분, 나는 아직 그것을 붙들었다고 생각하지 않습니다. 내가 하는 일은 오직 한 가지입니다. 뒤에 있는 것은 잊어버리고, 앞에 있는 것을 향하여 몸을 내밀면서, 그리스도 예수 안에서, 하나님께서 위로부터 부르신 그 부르심의 상을 받으려고, 목표점을 바라보고 달려가고 있습니다. 그러므로 누구든지 성숙한 사람은 이와 같이 생각하십시오. 여러분이 무엇인가를 달리 생각하면, 하나님께서는 그것도 여러분에게 드러내실 것입니다. 어쨌든, 우리가 어느 단계에 도달했든지 그 단계에 맞추어서 행합시다. 형제자매 여러분, 다 함께 나를 본받으십시오. 여러분이 우리를 본보기로 삼은 것과 같이, 우리를 본받아서 사는 사람들을 눈여겨보십시오. 내가 여러분에게 여러 번 말하였고, 지금도 눈물을 흘리면서 말하지만, 그리스도의 십자가의 원수로 살아가는 사람이 많이 있습니다. 그들의 마지막은 멸망입니다. 그들은 배를 자기네의 하나님으로 삼고, 자기네의 수치를 영광으로 삼고, 땅의 것만을 생각합니다. 그러나 우리의 시민권은 하늘에 있습니다. 그곳으로부터 우리는 구주로 오실 주 예수 그리스도를 기다리고 있습니다. 그분은 만물을 복종시킬 수 있는 권능으로, 우리의 비천한 몸을 변화시키셔서, 자기의 영광스러운 몸과 같은 모습이 되게 하실 것입니다. (빌 3:12-21)

묵상
주제

1) 삶의 진정한 의미와 목적을 어디에서 발견할 수 있다고 믿는가? 당신은 삶의 의미와 목적을 어떻게 발견했는가?

2) 바울이 목표로 삼고 있는 삶의 목적은 무엇인가? 그는 그것을 얻기 위해 어떠한 삶의 방식을 취했는가?

3) 삶의 목적과 의미는 정체된 삶에서는 발견되지 않는다. 그것은 계속되는 삶의 여정과 모험 속에서만 발견할 수 있다. 당신은 지금 주님과 함께하는 여정, 또는 모험을 해 나가고 있는가? 만약 그렇지 못하다면 늦지 않았으니 지금 시작하라! 주님과 함께.